远播
之道

对英传播的发展战略初探

SOWING
THE SEEDS OF TRUST

A GUIDE TO NAVIGATING
THE UK MEDIA

王　璐　主编

社会科学文献出版社
SOCIAL SCIENCES ACADEMIC PRESS (CHINA)

目　录

序言　一本跨文化传播者的实践笔记

据称，把思想放进另一个人的大脑是世界上最有挑战性的两件事之一。国际传播，正是一项带着自己的思想、用对方的语言去客场对话交友谋共识，借此拓展彼此的视界和选择的工作。

良好的沟通特别是跨文化交流，是从放下成见、好奇探索开始的。一位曾与我共事多年的美国朋友，在谈及他先后在台湾、香港和内地数十年工作生活的感受时常说："和中国人接触得越多，越能发现相互间的共同点而不是差异。"我注意到他最常用的口头禅是"interesting"（有意思）。对新鲜事物抱有兴趣，是破解国际交流对话谜题的第一道密码。

因此不难解释，为什么当本书的作者们也怀着一份开放与好奇，去研习英国传媒业的现状、并思考该以什么样的方式与英国受众开展有效的对话交流时，首先留意到的是两国媒体各自发展进程中许多堪称"并行"的痕迹。例如，都在传统媒体与新型传播方式的竞争交融中努力求解而尚未有定论；受众的年龄行为特征体现出近似性的规律；两国主流媒体都有跨界合作和跨文化传播的诉求等。就连两国最大的公共传播机构——英国广播公司和中国中央广播电视总台，也在业务架构和发展思路等方面表现出许多相似之处。这或许只是著名的皮格马利翁效应在传播领域的显现，由于对交流和相互理解的渴望，更容易印证到共识和趋近点，继而对进一步的探索和互通有无饱含热情。

本书就是一群热忱传播者的实践笔记。作者们长期从事外语传播。因职业关系，日常我们用英语工作，也与许多来自各英语国家的外籍同事一起工作。在过去的二十多年里，美国的文化影响力明显"霸屏"了中国整个 90 年代流行文化，并留下一个巨大的长尾。但进入 21 世纪，英国文化包括英式英语的流行度明显提升，就连我们英籍同事的数量，也不再明显少于来自美、加等其他国家的媒体从业者。这一微观体验，也恰好暗合了中英关系发展和双边交往日益密切的大趋势。

英国在 1950 年成为最早承认新中国的西方大国，双方于 1954 年建立代办级外交关系，1972 年升格为大使级；1997 年香港回归顺利交接；2004 年，两国宣布建立中英全面战略伙伴关系；2015 年习近平主席对英国进行国事访问期间，两国发表《中英关于构建面向 21 世纪全球全面战略伙伴关系的联合宣言》，双边关系进入秉持持久、开放、共赢原则的"黄金时代"。

2016 年英国公投脱欧后，提出打造一个"全球化的英国"（a global Britain），将发展的目光投向除了欧盟和美国等传统盟友以外更广阔的地区，并多次强调将深化同中国的全球伙伴关系。中、英两国高层互动频繁，互信不断提升，在多边贸易体系和"一带一路"倡议下愈加趋向互利合作。经贸方面，根据英国皇家税收和海关部门发布的统计数字，2018 年中英双边贸易额达 633.12 亿英镑，年增长 8.7%；伦敦金融城是全球最大的离岸人民币交易中心，2019 年 6 月揭牌的沪伦通成为中国与国外证券市场首个联通举措。两国签有政府间科技合作协定和 20 多个科技合作对口协议或备忘录。人文交流频仍，2018 年赴英中国留学生增加了 13%，接近 10 万人，两国缔结友好省、郡、区 62 对，每年双向游客人次持续递增。

在互动交流日趋加强的背景下，以达成深度理解为目的的传播的重要性和对文明互鉴、共赢合作的美好期待无须更多说明。我们看到，一方面是英国方面的输出在加强：扩大对华贸易特别是出口规模、传播音乐艺术等文化创意产品、出口和联合摄制纪录片、运营政府奖学金项目、利用王室成员及英国文体名人的影响力在中国开展各类推广活动等；另一方面，更好地向英国受众解读和传播中国模式、中国思想和中国文化也日显重要。

本书分析中国媒体对英传播现状，透过不同角度和时间点的切片，从勾勒英国传统媒体和数字化新型媒体的概貌入手，分析英国受众的媒体消费行为趋势、国际主流媒体包括中国媒体在英国的发展现状，以及英国民众涉华信息的消费习惯，并在此基础上就中国相关和中英双边相关传播主题的对英传播总结规律，提出发展战略和政策建议。

根据本书的专项调查，有过来华经历、有熟识的中国朋友、或掌握一定程度汉语的人士，对中国形象的评分明显高于对照人群。这一结论也从一个侧面印证了中国主题对英传播的价值——有助于缩小英国受众现有认知和客观真相之间的巨大差距。而帮助中国更如实地被听见、看见和被理解接纳，只是本书创作者愿望的一半；另外一半，是希望借此增进的相互了解和深度认知，能形成一个不断巩固扩大的共识基础，支持中英两国和两国人民构建对双方都更有价值的、更美好的未来。"共赢"这个在中国的国际关系主张中出现频次最高的词，绝不是让哪一方赢多赢少，而是对交往与合作的双方都能达到"帕累托更优"的一份信心和着手实现这个更好愿景的承诺。

希望这本实践笔记能够帮助国际传播的实践者辨别方向，启发更深入的研究和思考。正如爱尔兰剧作家萧伯纳不愿轻易指点乾坤，而更希望被视作众多探索者中的一分子一样，我们自认是一群国际传播的探路人，盼望能有更多有志于此的饱学之士加入，一起行向共同的远方。愿这本笔记能帮助翻开一本被不断续写完善的书籍之扉页。能为这本未来之书写"序"，对我和我的同事们来说已是很大的荣幸。

最后要感谢每一位参与本书创作的我的同事：第一章的作者李耘、许钦铎，第二章的作者宁妍、王蕾，第三章的作者徐位毅、梁羢，第四章的作者钱珊铭、黄廓，他们当中有曾经和现任的驻英国、美国、南非、津巴布韦和驻联合国的记者，有资深时事评论员，也有脸书、播客、微纪录片等内容生产者和平台管理者。

因精力、学识和经验所限，难免文字和见地水平不足，诚邀广大读者和有关方面专家不吝批评匡正。

王 璐

2019 年 8 月

第一章　英国广播电视行业的格局和受众分析

虽然"日不落帝国"的辉煌已去，但是英国的传媒业依然傲视全球，唯有美国的传媒影响力能够与其相媲美。包括《金融时报》（Financial Times）、《经济学人》（Economist）、《卫报》（The Guardian）、《泰晤士报》（The Times）和英国广播公司（BBC）在内的诸多英国媒体举世闻名。

英国是无线广播的发源地，全球广播行业最为发达的国家之一。全国有595个传统模拟电台（如表1-1）和408个数字电台（见表1-2），包括全国、地方和社区电台在内的所有公共电台和商业电台，[①] 其中BBC是现代公共广播的鼻祖，也是英国国家软实力不可分割的重要组成部分。

表1-1　模拟电台（2018年3月）

	调幅	调频	调幅/调频总计
地方商业台	51	235	286
全国商业电台	2	1	3
BBC全国电台	1	4	5
BBC地方台和国别台	26	46	72
社区电台	10	245	255

注：以上数据不包含BBC Radio 4长波频道。
资料来源：BBC/Ofcom.

---

① Media Nation Report 2018, p. 67.

表 1-2 英国数字电台（2018 年 3 月）

	BBC 全国电台	全国商业电台 90% 覆盖（Digital One）	全国商业电台 75% 覆盖（Sound Digital）	地方商业台
多路复用数量	1	1	1	55
电台数量	11	14	20	408 *

＊这是用数字广播信号（DAB）多路复用播放的电台数量。并非所有电台都播放地方内容，在几个多路复用播放的电台计作单一电台。

资料来源：BBC/Ofcom.

英国电视行业同样历史悠久。1926 年，约翰·罗杰·贝尔德（J. L. Baird）在伦敦向皇家科学院的成员公开演示了他的电视机。1936 年，BBC 电视台成立。1948 年，伦敦夏季奥运会成为历史上第一届有电视转播的奥运会。1955 年，英国第一家商业电视台独立电视台（ITV）成立，打破了 BBC 的垄断地位。根据 2018 年 9 月 27 日发布的《电视行业多样性机会均等报 告》（Diversity and Equal Opportunities in Television—UK Broadcasting Industry Report），[①] 截至 2018 年一季度，英国雇用至少 21 名员工、年播出不少于 31 天的电视台共有 72 家（共 740 个频道），其中有 33 家本土电视台、有 27 家是在英国和其他国家都有雇员的电视台、12 家是仅有海外团队的电视台。

虽然英国的广播电视行业不断受到来自各种新技术和新媒体的严峻挑战，但是通过积极的创新和融合，依然保持了旺盛的生命力。

第一节 英国广播行业的格局和受众分析

一、英国广播行业的格局

（一）公共广播电台和商业电台此消彼长

英国广播行业主要由两部分组成：一部分是由政府直接向公众征收执照费支持的公共广播电台，就是 BBC；另一部分是完全通过商业手段运营的商业电台，也被称作独立电台。商业电台有四大集团：Global，Bauer，

① https://www.ofcom.org.uk/__data/assets/pdf_file/0022/121684/diversity-in-TV-2018-total-industry.pdf.

UTV 和 Communicorp UK。[①]

从 2002 年起，社区电台（community radio）作为一个新生事物出现在英国。它们是专门服务一个很小的区域居民的非营利性电台。截至 2018 年一季度，英国境内共有 55 个社区电台。[②]

历经 100 多年的发展，英国广播行业仍然生机勃勃。截至 2018 年一季度，90% 的英国人每周至少收听一次广播，平均每个听众每周的收听时间超过 20 个小时，其中 75% 都是广播直播。[③]

英国的广播产业总值也呈上升趋势。从表 1-3 可以看到，截至 2017 年底，英国广播产业总值增加了 1.8%，达到 13 亿英镑；广播广告收入增加 1%，达到 5.57 亿英镑，占整个广告市场份额也较上一年度增加。[④] 数字广播帮助更多地方性商业电台的传播范围延展至全国，因而吸引了更多的商业广告。

表 1-3 英国广播行业关键数据

项目	2012 年	2013 年	2014 年	2015 年	2016 年	2017 年
每周收听率（人口比例）	90.3%	90.3%	89.3%	89.3%	89.3%	90.2%
平均每个听众每周收听时间（小时）	21.9	21.5	21.3	21.0	21.2	20.8
收听 BBC 比率	55.7%	54.9%	54.4%	54.1%	52.8%	51.9%
广播产业总值（百万英镑）	1294	1235	1291	1290	1290	1313
商业收入（百万英镑）	511	484	529	536	552	557
BBC 总支出（百万英镑）	771	740	750	742	726	744
社区广播收入（百万英镑）	11.6	11.4	11.9	12.0	11.9	11.9
广播广告所占市场份额	3.3%	3.1%	3.1%	3.0%	3.0%	3.1%
数字收音机拥有率（家庭）	44.3%	47.9%	49.0%	55.7%	57.9%	63.7%
数字广播收听比例	34.3%	36.6%	39.6%	44.1%	47.2%	50.9%

资料来源：CMR2018，第 40 页。

① CMR2016, p. 119.
② Media Nation Report 2018, p. 66.
③ CMR2018, p. 39.
④ CMR2018, p. 39.

在收听率方面，拥有 11 个全国性广播频率和 40 个地方电台的 BBC 保持着领先地位。从单个电台看，收听人数最多的前三名都在 BBC 麾下。以播放成人流行音乐为主的 BBC Radio 2 是全英最受欢迎电台，2018 年二季度每周听众近 1500 万人次。其次是综合性语言类节目电台 BBC Radio 4 和流行音乐电台 Radio 1，周听众数分别是 1060 万人次和 920 万人次。[①]

表格 1-3 显示，虽然 BBC 收听率占有整个广播市场的半壁江山（51.9%），近年来却受到商业电台的不断蚕食，一直处于下滑态势。相比之下，商业电台的收听率稳步上升。随着商业电台推出更多针对年轻人的内容，15 岁至 24 岁年龄组收听商业电台的比例从 10 年前的 37.5% 增加到了 2018 年的 42%。[②] 从 2013 年到 2017 年的五年中，全国性商业电台的听众整体增长了 4.4%，足以抵消 BBC2.2% 的下降。[③]

商业电台的收听市场大部分都属于 Global 和 Bauer，占商业电台整体收听率 70% 以上。这两家通过增加电台频率，尤其是可以覆盖全国的数字广播频率有效地触达更多的听众，提高了收听率。从 2014 年到 2018 年的五年中，Global 的收听率从 15.9% 提高到 20.3%，同一时期 Bauer 的收听率从 10.9% 增长到 14.9%。[④] 这两家电台的听众人数加在一起相当于英国总人口的 58%。[⑤]

无论是 BBC 还是商业电台，下属的地方性电台都面临听众流失。从 2013 年到 2017 年一季度，BBC 地方台和商业地方台的收听率分别从 8.3% 和 29.9% 下降到 7.1% 和 28.8%。[⑥] 与此相对应的是，全国性的商业电台收听率一直在上升，同一时间从 42.7% 上升到 44.9%。尽管地方台的收听率总体上持续下降，但仍然有三分之二的听众认为地方台的存在很重要。[⑦] 部分地区最受欢迎的电台仍然是当地的电台，甚至于社区台，因为这些电台更能量体裁衣地提供本地区居民需要的信息和服务，就本地相关的话题进行讨论。

---

① https://www.statista.com/statistics/286892/uk-radio-stations-ranked-by-listeners-reached/.
② Media Nation Report, Figure 53. p. 73, https://www.OFCOM.org.uk/_ _ data/assets/pdf_file/0014/116006/media-nations-2018-uk.pdf.
③ CMR2017, p. 120.
④ CMR2016, p. 119.
⑤ Media Nation Report 2018, p. 74.
⑥ CMR2017, p. 121.
⑦ CMR2015, pp. 240-241.

（二）数字广播发展迅速

英国数字广播的先驱是 BBC。BBC 早在 1990 年就首次尝试数字广播，并于五年之后正式启动数字广播。数字广播可以提供比模拟信号更好的音频接收效果，并且支持一系列的附加服务，如同时提供正在播放的音乐的背景信息，插入交通、天气或突发新闻等。在技术上，除了 DAB 和 DAB+两种数字播出形式外，数字电视和各种网络广播接收设备都可以收听数字广播。

越来越多的电台开始抛弃调幅广播，代之以数字广播和调频广播。2018 年上半年 BBC 就关闭了 13 个调幅发射台。[①] 经过 20 多年的发展，到 2018 年全英国已经有 453 个使用数字播出的电台。其中 34 个是全国性的商业电台，11 个是 BBC 全国广播。[②] 数字广播的发展让更多的商业电台可以面向英国全国播出，使全国性商业电台的收听份额从 2016 年一季度的 13% 上升到 2018 年一季度的 17.5%，广播广告收入也因此在 2017 年增长了 1%。[③] 英国通信管理局调查显示，[④] 2018 年一季度，超过一半的广播收听是通过数字平台进行的，其中大部分是 DAB 收听（占所有电台收听节目的 37%），其余的是通过互联网（9%）和数字电视（5%）。在英国，DAB 的覆盖范围现已达到 90%，按家庭计算，数字收音机的拥有率达到 63.7%。[⑤]

监管部门给数字广播的短期灵活执照，允许电台在数字平台短期播出，例如在圣诞节期间或是为某一专门事件如音乐节等开办"闪播电台"（pop-up station）。[⑥] 为普及数字广播，英国开发了小规模数字播出（small scale DAB）技术。这一技术使用开源软件和普通电脑硬件替代昂贵的专业数字播出设备，给不需要远距离播出的社区电台和小型地方商业台提供了使用低成本数字广播的可能。2015 年开始，这一技术在伦敦、曼彻斯特、伯明翰等 10 个城市试验，到 2018 年已经有大约 140 个电台使用这一技术进行数字播出。[⑦]

[①] Media Nation Report，p. 66.

[②] Media Nation Report，p. 67.

[③] CMR2018，p. 39.

[④] Communications Market Report 2018-United Kingdom，Ofcom，https：//www.ofcom. org. uk/_ _ data/assets/pdf_ file/0022/117256/CMR-2018-narrative-report. pdf.

[⑤] CMR2018，p. 40.

[⑥] Media Nation Report，p. 67.

[⑦] Media Nation Report，p. 67.

截至 2018 年一季度，英国人最经常收听广播的地点是家里，71% 的成年人每周至少在家听一次广播，其中 54.7% 的时间是在收听数字广播。开车在路上收听的成年人比例也高达 64%，因此许多汽车厂商直接在车上配置了数字收音机。2017 年三季度，新登记的车辆中 87.5% 都有数字收音机。如此之高的配置率直接影响了数字广播的收听率。2017 年，成年人中有四分之一每周都在车中收听数字广播，[1] 2018 年上半年这个比例迅速增加到三分之一。[2] 大部分的数字广播听众认可这一技术使广播的音质更加清晰，电台选择更加丰富。[3]

（三）广播和音乐相互成就

音乐是广播吸引受众的重要内容。无论对哪个年龄段的受众而言，广播都是他们欣赏音乐、获取新音乐和演出信息的重要途径。

平均 65% 的成年人通过收音机接触新音乐作品。其中 55 岁以上人群中有 75% 都用传统方式收听音乐，16～24 岁年龄段只有 52%，后者对朋友之间的推荐依赖最大，达到 61%。五分之一的成年人通过音乐网站和社交媒体接触新音乐作品。[4]

过去 20 年，网上音乐服务从无到有、从小到大，跟随个人电脑、网络电台、MP3 播放器和智能手机等硬件的发展和网络覆盖的扩大而日益普及。声田（Spotify），Deezer，Soundcloud 和 Google Play Music 等音乐流媒体点播服务商可以提供个性化服务，让每个听众定制自己的歌单、合集，因此受到更多受众的追捧。

音乐流媒体的用户在快速增长。2015 年一季度，英国的互联网用户中有 13% 收听流媒体音乐。[5] 到 2018 年，23% 的成年人收听流媒体音乐，这个数据在 15～24 岁人群中高达 51%。[6] 在英国，音乐流媒体点播有靠广告商支持的免费服务，也有付费服务，主要付费方式是按月订阅和单次付费。用

---

① Digital Radio Report 2017，p. 6.
② Media Nation Report 2018，p. 71.
③ Digital Radio Report 2017，p. 6.
④ CMR2015，p. 219.
⑤ CMR2015，p. 215.
⑥ Media Nation Report 2018，p. 76.

户对付费收听态度也在改变。起初多数用户还是首选免费服务，但是无广告收听的诱惑力很快超过了免费的诱惑力。到 2018 年，几乎 80% 的用户都通过订阅收听，其中声田的用户过半。与此同步的是付费收听消费额的增长，2017 年网上流媒体音乐的订阅费已经高达 5.77 亿英镑，占全年音乐产品零售额的 47%，并第一次超过实体音乐产品（光盘等）销售额。①

流媒体收听直接抢占了实体音乐产品的市场份额，但是对广播的影响却不像想象中那么大。为更好地了解受众在广播和流媒体平台上的音乐体验行为，英国通信管理局（Ofcom）对比了 2014 年四季度广播音乐排行榜前 100 首作品和同一时间流媒体平台排行榜前 100 首，发现三分之一的作品同时出现在两个榜单中，其中超过 60% 都是先在广播上冲榜之后才登上流媒体榜单。这也说明广播对受众音乐选择的影响力。有四分之一的作品只出现在流媒体榜单中，但是其中一部分是专辑作品（album track），通常不在电台广播中做投放，而是由消费者以购买专辑的形式收听。②

二 英国广播受众的特点和偏好

（一）英国广播受众的偏好

广播对受众的吸引力主要体现在可选择的内容丰富、使用便利、及时提供新闻和资讯。听众可以在不同的场合和地点方便地收听广播，超过五分之一的广播收听行为发生在交通工具上。英国通信管理局在其 2016 年度的传播市场报告中引用了市场调查公司 Proteus Research 2015 年 11 月的调查，称每十个汽车购买者中有八个明确表示不考虑没有收音机的汽车。③

英国受众使用广播的首要原因是收听音乐。2015CMR 报告指出，42%的公众首选通过广播获取新音乐和音乐会等活动的信息。④ 音乐作品的广播播出直接影响到网上点播，如前所述，60% 的歌曲都是先进入广播流行排行榜之后再进入网上播出排行榜。⑤ 根据英国通信管理局的调查信息，在截至

---

① Media Nation Report 2018, p. 77.
② CMR2015, pp. 216-217.
③ CMR2016, p. 111.
④ CMR2015, p. 235.
⑤ CMR2015, p. 218.

2017 年一季度的一个年度内，63% 的英国听众收听音乐电台，30% 的听众使用在线音乐服务，16% 的听众收听广播播客（Podcasts）。[①] 收听音乐电台的听众最主要是将其当作"背景音乐"（41%），或者是需要"放松"（39%）。[②]

即使是在互联网移动设备普及的今天，广播依然是很多英国人获得新闻资讯的重要来源。路透社《2015 数字新闻报告》（Digital News Report 2015）指出，在英国 37% 的人仍然把广播作为新闻的主要来源。虽然这个数字与电视的 75% 和网络（包括社交媒体）的 73% 相比低很多，与纸媒的 38% 相当，但仍然不可忽视。[③] 英国通信管理局 2017 年的报告说 46% 的听众收听时事报道，42% 的人收听国内和国际新闻，33% 的人收听地方新闻资讯。天气，体育，交通也是听众关心的信息。[④]

不同年龄组受众的收听习惯和偏好有很大区别。英国通信管理局 2016 年专门做了一个数字日（Digital Day）研究，调查了 1500 名受众的媒体使用习惯。研究发现当时传统广播收听能占总音频收听的 71%，处于增长期的流媒体收听占 7%。收音机收听的主力都在 35 岁以上，收听的时长和年龄成正比，男性略高于女性。

多个调查报告均显示 16~24 岁年龄组是英国音频收听的关键人群，收听时间、内容和方式的变化首先都在这个年龄组体现。他们对新生事物充满好奇，是层出不穷的新技术和新媒体的热情拥抱者。他们收听习惯的改变最终会影响广播的未来。

在 16~24 年龄组中，传统广播收听只有 29%，个人数字音频和流媒体音乐播放分别占 26% 和 25%。RAJAR 的研究数据显示，2016 年之前的 10 年间，广播在 16~24 年龄组的到达率下降了 4.9%，收听时间更是下降了 30%。[⑤]

从图 1-1 可以清晰地看出，2016 年，16~24 岁年龄组收听流媒体和个人数字音频的时间直追收听传统广播的时间。25 岁到 34 岁群体收听传统广播的时间是 16 岁到 24 岁年龄组的 2 倍，流媒体收听时间则只有其三分之一。

---

① CMR2017，p. 97.
② CMR2017，p. 5.
③ http：//www.digitalnewsreport.org/survey/2015/sources-of-news-2015/.
④ CRM2017，p. 106.
⑤ CMR2016，p. 12.

图1-1 不同年龄段英国听众收听习惯

资料来源：Ofcom Digital Day 2016, Data book 1：C2. Adult diary.

　　网上流媒体音乐播放更受年轻人的欢迎。和传统广播相比，音乐流媒体播放网站允许听众自由选择乐曲，还能根据个人偏好推荐音乐。英国网上音频内容提供商主要分为两类，一类是和中国的蜻蜓FM、喜马拉雅FM类似的集合型平台，如TuneIn集合了世界各地广播的音频流，Radioplayer.com上有全英所有商业电台和BBC的广播流。另一类是和网易云音乐、腾讯音乐相似的专业音乐流媒体服务平台，如号称全球最大的流媒体服务和播客播放平台声田，它在英国约有1000万用户。①

　　在2010年之前，新媒体平台上的音乐产品还是单纯的音频；在这之后，音乐视频也被纳入了产品范畴。② 优兔（YouTube）已然是最受欢迎的媒体网站，41%的英国互联网用户都在使用；紧随其后的声田拥有17%的用户。③ 音乐视频在英国的快速普及，主要是由于年青一代更适应观看音乐视频，因此以BBC为代表的传统媒体都尝试顺应潮流，提供视频版的广播。BBC在广播直播间安置全方位无死角的摄像镜头，可以随时播出现场精彩视频片段。BBC客户端iPlayer上除了可以收听音频节目回放之外，也提供精彩视频片段的回放。

① CMR2016, p.114.
② BBC（A&M Audiences）/Brand Driver, Share of Ear research 2009, 2010.
③ CMR2015, p.243.

（二）收听时段和载体

英国通信管理局 2016 年传播市场报告引用的英国官方广播受众调查机构 RAJAR2015 年调查显示，7：30～9：30 的早高峰是英国人收听的黄金时段，从吃早饭到上班的路上很多人都以广播作为陪伴。58％的英国人早上从听广播开始，随后一天中的收听率呈稳定下降趋势，到晚高峰 4：30～6：30 时段收听率再次上升。但是一到晚间，广播的收听就让位于电视，电视成为主导。[①]

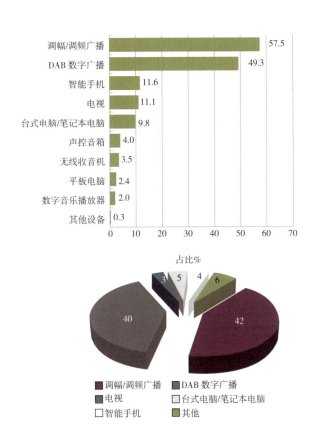

图 1-2　2018 年夏季英国广播直播设备受众触达情况

资料来源：https：//www.rajar.co.uk/docs/news/MIDAS_Summer_2018.pdf.

---

① CMR2016，p.113.

广播收听的载体不再仅限于收音机。2001 年苹果发布了 iPod，2008 年苹果发布了 3G 手机，2010 年平板电脑问世。技术的变化直接带来收听方式和载体的变化。互联网特别是移动互联让受众更容易使用包括移动设备在内的新设备收听广播。

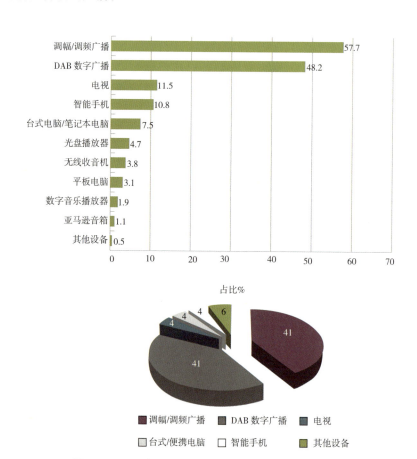

图 1-3   2017 年夏季英国广播直播设备受众触达情况

资料来源：https：//www.rajar.co.uk/docs/news/MIDAS_ Summer_ v2. pdf.

图 1-2 来自英国官方广播受众调查机构 RAJAR2018 年夏季互联网音频产业调查（Measurement of Internet Delivered Audio Services，简写 MIDAS）。从中可以看出，收音机还是收听传统广播节目的主要载体，超过使用其他设备的总和。即便如此，智能手机、电视机和电脑（包括手提电脑和台式机）也已经占据了重要比例。技术的快速发展促使广播收听载体也在快速

更新。与RAJAR2017年夏季互联网音频产业调查中图1-3的同一指标相比，仅一年的时间内，英国听众的音频设备使用情况已经发生了变化。

对比图1-2、图1-3可以看出，一年之间英国听众使用智能手机和电脑收听广播的比例有明显提高。与此同时，2017年还排在电脑之后的光盘播放器在2018年的调查中已从列表中消失，取代其位置的是智能音箱。

智能音箱作为收听设备于2015年正式进入市场，到2018年一季度，13%的英国家庭拥有智能音箱。[①] 在2017年RAJAR夏季互联网音频产业调查报告中仅有亚马逊Echo单一品牌出现，也只有1.1%的广播受众使用，一年之后就增长到4%。

2011年到2015年，通过互联网收听广播的比例从10%上升到22%。[②] 广播的应用程序（APP）成为收听广播的重要方式，英国人口中超过一半——53%的人下载了至少一个广播App，比例最高的是25~34岁年龄组，高达67%。平均每个用户下载了2个广播App。[③] 因此，英国各大电台纷纷通过开发各种广播App为听众提供线上服务。2018年6月，BBC发布了新收听应用BBC Sounds，为听众提供从直播、回放、播客到播出单等一系列服务。商业电台Global集团的App—Global Player也包括了直播、回放和下载等内容服务。[④]

第二节　英国电视行业的格局和受众分析

一　英国电视行业的格局

（一）英国电视行业概况

英国大约有超过480个电视频道，主要的电视公司包括BBC，UKTV数字有线和卫星电视网络公司，ITV，第四频道电视公司（Channel 4）。BBC是英国最大的公共广播电视服务提供商，旗下有23个全国及区域性频道。除BBC外，英国主要的商业电视台ITV、Channel 4、Channel 5等主要频道

---

① CMR2018，p.6.
② CMR2015，p.245.
③ https：//www.rajar.co.uk/docs/news/MIDAS_ Summer_ 2018.pdf，p.3.
④ Media Nation Report 2018，p.74.

也被要求提供公共电视播出服务，即不以营利为目的、公正客观的新闻报道和具有显著英国本土特色的内容。

2011 年，英国政府发表了《地方媒体行动计划》（Local Media Action Plan），强调地方性媒体在建立活跃社区方面的重要作用，地方媒体要关注社区新闻故事，提供和居民息息相关的社区资讯和服务，因此该计划决定建立类似于社区广播电台的地方电视台（local TV）。截至 2018 年，全英共有 34 个地方电视台。① 2017 年 4 月的统计显示，180 万（7%）英国家庭在一周的时间里至少观看了 3 分钟地方电视台节目。② 地方电视台必须保证播出一定时间的原创本地节目，包括新闻时事。作为运营执照发行方，英国通信管理局对原创本地电视节目的最低要求是每周 7 个小时。为保障地方电视台初创时的生存空间，BBC 要连续三年以购买地方新闻的方式向 2017 年 7 月 31 日之前开播的地方电视台提供支持性资金。地方电视台的主要收入来自 BBC 资金（这部分收入 2020 年将停止）、商业广告及其他商业和非商业行为。

2006 年 Channel 4 推出 4oD，后更名为 All 4，③ 这是英国第一个可以点播回放的网络视频服务平台。但是网络视频点播真正起步是在 2007 年苹果推出第一部智能手机之后，当年 12 月 BBC 推出了 iPlayer。

2013 年，BBC 和 Channel 4 都首次在其 iPlayer 和 4oD 上实现视频节目首播。10 月 Channel 4 的室内剧 Fresh Meat 提前一周开始在网上播出。11 月 BBC 提前一周把 5 集电视剧 Moving On 全部上网，随后才在电视频道上播放。④

2016 年 2 月 BBC 电视三台改为仅在网上播出，这是个 2003 年开播的针对 16~34 岁青年的频道。在决定取消传统电视播出，改为通过 iPlayer、有线电视、机顶盒和游戏机等渠道播出时，频道总监黛米安·卡瓦纳（Damian Kavanagh）解释说，16~24 岁的年轻人一半以上都已经不再观看传统电视了，所以这是顺应时代的改变，方便年轻人用多种方式在任何时间收看。⑤

---

① Locality. org. uk.

② CMR2017, p. 76.

③ Channel 4 launches all new 4oD on Channel4. com, http：//www. channel4. com/info/press/news/channel-4-launches-all-new-4od-on-channel4-com.

④ CMR2014, p. 144.

⑤ https：//www. digitalspy. com/tv/a783593/why-does-bbc-three-need-to-exist-controller-damian-kavanagh-says-it-will-still-do-things-the-bbc-is-scared-to-do/.

（二）英国电视行业营收状况

从表 1-4 "英国电视行业关键数据"中可以看到，电视行业整体的收入在 2016 之前一直是上升趋势，但是在 2017 年出现了明显下降。与此相对应的是，电视广告及其收入占总体市场份额的下降。即便如此，电视仍然有吸引大笔广告费的能力，主要是模式成熟、可控，依然能抵达大量的受众，有很强的品牌塑造能力。与此同时，付费电视的收入保持了稳定上升的趋势。

表 1-4 英国电视行业关键数据

项目	2012 年	2013 年	2014 年	2015 年	2016 年	2017 年
电视业总收入（10 亿英镑）	13.5	13.5	13.7	14.1	14.2	13.6
BBC 电视投入占其收入比例	21%	20%	21%	19%	18%	18%
广告收入占总收入比例	28%	29%	29%	30%	30%	28%
付费电视收入占总收入比例	44%	46%	45%	45%	46%	47%
电视线上总收入（10 亿英镑）	0.4	0.7	1.0	1.4	1.8	2.3
电视广告占市场份额	31%	31%	31%	30%	30%	29%
五大公共频道首播原创内容投入（10 亿英镑）	2.8	2.6	2.7	2.7	2.8	2.6
家庭电视拥有比例（所有家庭）	96%	95%	93%	95%	96%	95%
每天看电视分钟（4 岁以上每人）	241	232	220	216	212	203
五大公共频道占所有家庭收视份额	51	51	51	51	51	51

数据来源：CMR2018, p. 30.

值得注意的是，线上视频的收入在过去几年中一直保持快速增长，六年中几乎增长了六倍。这个数据直接反映了近年来视频收看方式多样化带来的变化。线上收看带来的收入在现阶段虽然比例不高，但未来值得期待。五大公共频道（BBC One，BBC Two，ITV/STV/UTV，Channel 4，Channel 5）2017 年在首播原创内容上的投入减少，一个重要的原因是 2017 年是体育小年，通常体育节目经费会占到电视台原创内容经费约 60%。从图表中可以看到，过去六年中公众看电视的时间明显持续下降，但是五大公共频道的收视份额一直稳定在 51%，显示出强大的生命力。

网络视频点播的出现推动了视频内容消费方式的改变。移动互联网的快速发展和移动上网设备的普及也使视频点播更加便捷。视频收看不再受时间、地点和电视台播出编排的限制。

免费的视频点播内容主要由公共电视台提供：BBC 的 BBC iPlayer，独立电视网的 ITV Hub，第四频道电视公司的 All4，以及第五频道电视公司的 My5。付费点播的收费形式主要有以下 4 种：一是包月，每月付一个固定费用之后就可以随意观看收费平台上的内容，主要平台有网飞、亚马逊和迪斯尼；二是每一个视频按收看次数单独收费（one-off pay per view），天空电视台的 Sky Box Office 采用的就是这个形式；三是租看，即一个视频付费之后一段时间内可以任意观看，是 Sky Cinema、Talk Talk TV 等采用的方式；四是付费下载（download to own），苹果、BBC、亚马逊和天空电视台都提供此类服务。BBC iPlayer 是最受欢迎的视频点播平台，63% 的英国成年人都是其用户，[①] 注册用户 2500 万。[②]

英国公众对网络付费收看的接受度在过去几年快速上升。2014 年到 2016 年间，使用网络付费收看服务的成年人比例从 18% 上升到 26%，其中 16~24 岁年龄组从 33% 上升到 57%。究其原因，网飞（Netflix）的快速扩张是这当中最大的推手，2016 年 23% 的英国成年人订购网飞，比 2014 年上升了 10 个百分点。

观众愿意付费的原因是网络收费平台能够提供海量的电影和电视节目，不仅有老电影、老节目，还有最新的。Sky Cinema 就通过和多个电影制片公司的协议获取了比其他平台更早上线新影片的权利。像网飞这样的公司更是以自家原创的高质量视频节目出名，网飞的用户最感兴趣的就是这些独家原创内容。2017 年，英国 10 个最受欢迎的付费视频节目中网飞的原创节目就占了 5 个。四分之三的付费点播网络视频服务的用户同时订购传统付费有线电视。天空电视台（Sky TV）和维珍媒体（Virgin Media）是英国最大的两家付费电视公司。

新的收视方式带来了两个显著特点，一是刷剧（binge watching），即一口气连续观看数集视频节目，经常以牺牲睡眠或忽略日常事务为代价；35%

---

① CMR2017，p. 39.

② https：//www.bbc.co.uk/mediacentre/speeches/2018/tony-hall-annual-plan.

的英国人表示至少每周一次刷剧经历。另一个是重量级节目的消失，一个节目动辄吸引千万级观众的时代已经结束，500 万或 800 万以上的观众是现在衡量成功节目的标准。

精品电视剧仍然保持稳定的较高收视率，原因是其在国际市场广受欢迎，拍摄方面可以获得大量的海外投资，确保了品质。本土肥皂剧尽管观众人数下降，但因其独特的英国文化特色和观众保持惯性收视传统，依然受到公共电视台的青睐。体育节目的地位稳定，但是受到大赛节奏的影响，收视起伏很大。重量级娱乐节目在减少，但依然是最受欢迎的节目形式之一，2017 年五大公共电视台 15% 的黄金时段用来播出娱乐节目。①

二　英国电视受众特点和偏好

2017 年，英国人平均每天收看传统电视节目的时间是 3 小时 23 分钟，比前一年少了 9 分钟。② 年龄差异在个体收视习惯上有明显的体现：儿童收视时间下降 15%，只有 1 小时 24 分钟；16～24 年龄组下降 12%，为 1 小时 40 分钟。在 12～15 岁年龄组，对优兔和网飞的品牌认知度超过了 BBC 和 ITV。

54 岁以上年龄组只有英国人口的 28%，在收视时间方面却贡献了 51%。③ 事实上，65 岁以上年龄组的收视时间从 2006 年的 4 小时 54 分钟上升到了 2016 年的 5 小时 44 分钟；而在同一时期，16～24 岁年龄组的收视时间从 2 小时 35 分钟下降到 1 小时 54 分钟。④ 同样是看电视，16～24 岁年龄组更偏向使用手机、平板电脑或是台式电脑，而不是电视机。⑤ 英国家庭成员中年纪越大选择免费电视的越多。看免费电视家庭平均每天的观看时间比看付费卫星电视的长 15 分钟，比看有线电视的长 25 分钟。⑥

年轻人是新媒体的主要使用者。16～24 岁年龄组中四分之三的人使用点播、付费流媒体平台和社交媒体收看视频。⑦ 尽管大多数成年人把了解新

---

① CMR2018，p. 37.
② CMR2018，p. 29.
③ CMR2018，p. 29.
④ CMR2017，p. 83.
⑤ CMR2016，p. 22.
⑥ CMR2017，p. 78.
⑦ CMR2017，p. 13.

闻当作收看传统电视最主要的目的，多数少年人（12~15 岁）认为坐在电视机前是属于一家人共处一室的家庭时间。①

新媒体收看受到绝大多数人的欢迎。非电视收看的视频时间达到平均每人每天 89 分钟。② 约 90% 的人表示新媒体的优点是允许在方便的时间和地点自由地选择观看心仪的内容。③ 67% 的人选择通过传统电视台的网络服务平台，如 BBC iPlayer、ITV Hub 等收看电视节目和电影，45% 选择 Amazon Prime 和网飞这样的付费点播和流媒体播出平台。41% 选择脸书和优兔等社交媒体。④ 与此相对应的是，智能手机和平板电脑的拥有率从 2012 年的 39% 和 11% 上升到 2018 年的 78% 和 58%。⑤ 2012 年，5% 的英国家庭拥有智能电视；截至 2018 年一季度，智能电视拥有量增加到 42%；⑥ 还有差不多同样比例的家庭使用的虽然是普通数字电视，但是采用不同的方式连接互联网。大约一半的人都有打开电视机使用各种网络服务的经历。

2016 年平均 91% 的英国人每周至少看一次电视，比例最高的是 65 岁以上年龄组（97%），最低的是 16~24 岁年龄组（80%）。⑦ 多数人看电视或者是为了跟踪新闻（57%），或者是把电视当作背景（20%）。⑧

"看电视"这一行为已经不再局限于客厅。51% 收视行为发生在卧室，厨房（16%）和厕所（9%）也很常见。更重要的是，"看电视"已经走出家门，路途中（16%），休假中（24%），花园里（9%），还有在酒吧、咖啡厅、餐馆（7%）。⑨ 智能手机和宽带、4G 网络的普及是最重要的推手，80% 的家庭有宽带，⑩ 63% 的人使用 4G。⑪ 视频的伴随性几乎可以和音频媲美了。

① CMR2017, p. 18.
② CMR2018, p. 4.
③ CMR2017, p. 17.
④ CMR2017, p. 13.
⑤ CMR2018, p. 12.
⑥ CMR2018, p. 12.
⑦ CMR2017, p. 84.
⑧ CMR2017, p. 15.
⑨ CMR2017, p. 20.
⑩ CMR2018, p. 11.
⑪ CMR2018, p. 16.

第三节　英国著名广播电视栏目分析

"BBC 是世界上规模最大、最古老和最受尊敬的公共广播机构，是英国国家品牌的中心；对英国人的国家认同感来说，BBC 的地位就如同英国的国家卫生服务系统[①]或者英国皇室。"[②]《皇家宪章》规定 BBC 的公共使命：维护英国的公民社会、提升英国的教育以及促进英国的创造力和优秀文化等。

在英国，民众为收看电视需要缴纳牌照费，相当于收入税之外的电视税，因此广电受众，也就是纳税人，对公共广播电视服务有着高期待和高要求。对很多人而言，BBC 是一个随处可见、可闻的陪伴：从早餐时间到就寝时间，从孩童时期到老年时期，BBC 一直向他们讲述关于他们自己和外部世界的故事，为他们提供娱乐节目。"在英国，没有哪个机构，哪怕是国家卫生服务系统，敢说它能够像 BBC 这样如此深地嵌入人们的生活中。每周，90% 的人都要不同程度地接触到 BBC 节目。"[③] 与此相比，美国商业媒体的第一考量是收视率和广告费，广泛和高质量的全球新闻报道远远不够；这也被认为是美国公民国际知识匮乏的原因之一。

一　著名广播栏目《今日》的案例分析

在众多的 BBC 广播和电视栏目中，广播四台（Radio 4）的《今日》（Today）被视为一个传奇性的广播栏目。最新报告显示，2017 年二季度，《今日》的听众人数高达每周 750 万人次，当仁不让成为最受欢迎的广播栏目。[④]

1957 年《今日》首次播出，由两个部分组成，各 20 分钟，话题包括新闻快报、宗教和音乐。1970 年代起变得更加以新闻内容为导向，并于 1980年代基本形成今天的形态。现在的《今日》栏目，周一到周五每天早晨 6点到 9 点三小时直播，周六早晨 7 点到 9 点两小时直播。《今日》是一档综合性新闻时事栏目，内容包罗万象，除了当天国内外的重大新闻，还有财经新闻、体育报道、天气预报、专题报道等。

---

① NHS，为英国人所骄傲。
② The New York Times，April 24，2011，"BBC，under criticism，struggles to tighten its belt"。
③ 〔英〕罗宾·艾特肯：《我们能相信 BBC 吗？》，新星出版社，2012。
④ https：//www.bbc.co.uk/mediacentre/latestnews/2017/rajar-q4-2016.

（一）定位高端，内容丰富

《今日》的突出特色是高端政治人物访谈。20 世纪 80 年代，时任英国首相玛格丽特·撒切尔夫人（Margaret Thatcher）是《今日》的忠实听众，每天早间都要收听《今日》的新闻报道；在她的带动下，她的部长们接连接受《今日》的采访。虽然后来有些部长对左倾的 BBC 有所不满，政府高官接受《今日》采访的传统却一直保持下来，奠定了该栏目的高端定位。对于政府而言，这也是一个与民众沟通的渠道，可以及时回应民众质疑，解释政府的政策。

《今日》每天固定在 8：10 就有关国计民生的重大新闻事件对相关部长进行采访。2017 年 7 月 31 日的头条新闻是国家卫生服务系统正在招募数千名精神科医护人员以应对精神疾病患者的需求。当天参加节目的时任卫生部部长亨特（Jeremy Hunter）表示，现在是结束精神疾病与身体疾病之间医疗水平不平衡的时候了。2017 年 6 月 29 日，中国驻英大使刘晓明接受《今日》现场直播专访，阐释香港特别行政区成立 20 年发展成就及"一国两制"的成功实践，并回答有关中国国际地位等提问。

肯特大学新闻学教授、原《今日》栏目制作人蒂姆·拉赫斯特（Tim Luckhurst）说："它依然是英国意见领袖们每天早晨醒来就收听的唯一的新闻栏目……也许，《今日》最能代表这个国家现代职业阶层所拥有的集体身份感。"①《今日》曾经一度担心早间新闻广播会被电视新闻取代。但是时至今日，其领先地位依然不可撼动。

《今日》栏目的另外一大特点是结构紧凑，内容丰富。仍以 2017 年 7 月 31 日的节目为例，当天三个小时的内容尽管有重复，但其信息量之大令人惊讶，播报的内容覆盖国内外众多信息：

＊俄罗斯决定减少美国驻俄使馆人员；

＊委内瑞拉选举后的政治和安全局势；

＊伊拉克前军官以侵略罪起诉前首相布莱尔；

＊财政大臣哈蒙德改口称英国脱欧后依然是个欧洲国家；

① Jon Henley, *Behind the scenes at Today*, *the most influential programme on British radio*, 26 *May*, 2011, https://www.theguardian.com/media/2011/may/26/behind-scenes-today-radio-4.

＊政府准备雇用数千名精神科医护人员；

＊纪念第一次世界大战中的"帕斯尚尔战役"；

＊有关普罗富莫丑闻的歌剧；①

＊坎特伯雷大主教去苏丹的宗教活动；

＊男女收入差距原因之一是缺乏便宜的儿童看管服务；

＊皇家马德里球星 C 罗漏税事件；

＊科研人员建议推广给手术病人做 HIV 病毒检测的做法；

＊4 亿年前蜘蛛的基因变化如何帮助我们理解人类的进化；

＊英国交警人数在过去 10 年减少了 1/3；

＊邀请前主持人庆祝即将到来的《今日》60 周年活动；

＊常设环节"每日沉思"；

＊常设环节"每日谜题"；

……

《今日》的报道手法和节目形态丰富多样，既有概要式的新闻播报，也有详细报道；既有专业记者连线进行深度讨论，也有多个嘉宾就某个话题进行辩论。尽管时长达 2~3 个小时，但节奏非常快，内容极其丰富，听众并不会觉得冗长拖沓。

仍然以 2017 年 7 月 31 日的节目为例，主持人约翰·汉弗莱斯（John Humphrys）和莎拉·蒙塔古（Sarah Montague）首先预报了 5 条新闻概要，将每则新闻概括为一句话，然后迅速进入 5 分钟左右的正式新闻播报。在 6：01~6：06 的时间内，听众获悉了 8 条较为详细的新闻。

此后的节目中，经济新闻主持人与专业人士讨论时下的商业新闻；汉弗莱斯则先是连线 BBC 驻委内瑞拉记者，解读委内瑞拉国内政治和安全局势，接着连线常驻欧盟记者，讨论即将从英国搬走的欧洲药品管理局和欧洲银行业管理局将来的驻地。

新闻内容每半个小时都有重新播报，但是重复内容会有所更新，也会增加新内容。譬如 7 月 31 日当天的头条新闻，先是主持人概要式地播报政府计划雇用更多的精神科医护人员，然后播放了 5 分钟左右记者发回的专门

---

① 1963 年时任战争大臣约翰·普罗富莫与一名歌女陷入婚外情，其中又涉及苏联驻伦敦大使馆的一名武官，丑闻变得复杂。

报道，提供了更多的信息。

此后在 6：30 再次新闻播报后，主持人汉弗莱斯采访了 BBC 社会事务记者，就此话题进行了进一步讨论，譬如雇用数千名医护人员的资金从哪里来？

7：36 节目就同一个话题邀请了一个曾经患有厌食症的女士讲述她自己的故事。同时还邀请皇家护士学院秘书长詹妮·戴维斯（Janet Davies）展开进一步讨论。戴维斯建议政府将精神健康领域的医护人员数量恢复到 2010 年的水平，同时指责政府的计划不够周密。

8：10 高端访谈，卫生部部长亨特接受采访，针对戴维斯的指责为政府政策辩护。他表示，希望那些患有精神疾病的人员可以受到更好的治疗，这意味着 NHS 就必须拥有充足与合格的职员。他说，目前卫生部所推行的计划是"极具野心的"，这项计划即使在欧洲范围内，也是"精神医疗领域最大的一次扩张"。

8：30 新闻播报时间，迅速把亨特的访谈内容融入头条新闻，让政府雇用更多精神科医护人员的话题得以延续更新。

这种滚动式动态报道的优点明显，一方面保持了新闻的连续性；另一方面，又总能在不同的时段提供新的信息。听众即使全部听完三个小时，也不会觉得疲惫和厌倦。

除了新闻内容之外，《今日》还常设一些固定环节如"每日沉思"（Thought for the Day）和"每日谜题"（The Puzzle for Today）。"每日沉思"在每天 7：45 左右播出，是一档宗教节目，时长为 2 分 45 秒，由头通常是当下的新闻或者历史事件，节目的参与者通常是宗教思想家。"每日谜题"更像是动脑筋的数学题，纯粹为了增加趣味性。

（二）王牌主持，专业团队

1987 年加入《今日》团队的约翰·汉弗莱斯是该栏目最资深的主持人。他是英国最著名的政治记者之一，以伶牙俐齿挑战政治领导人出名。据说，布莱尔（Tony Blair）当选首相后很长一段时间都拒绝接受他的采访。汉弗莱斯与我国驻英大使刘晓明先生的采访录音因为双方旗鼓相当的唇枪舌剑而一度成为中国公众的关注焦点。

莎拉·蒙塔古是《今日》的一位女主持。她做过股票经纪人、路透社财经记者、电视财经节目主持人，2002 年加入《今日》。另一位女主持是蜜晓·哈森（Mishal Husain），2013 年加入《今日》团队。1998 年哈森开始了在 BBC 的职业生涯，最有名的作品是四部纪录片：《马拉拉——因为上学被枪击》《脸书改变了世界——阿拉伯之春》《甘地的一生》和《英国和欧洲——移民问题》。第四部恰好在英国脱欧公投前夕播出，直击脱欧的核心问题之一。她于 2016 年 1 月入选《泰晤士报》评选的英国"最有影响力 500 人"。

尼克·罗宾逊（Nick Robinson）2015 年加入《今日》主持人的行列。此前他在 BBC 多个部门、多个岗位工作过，资历颇深，经验丰富。他说，"我不记得有任何一天我的早晨不是以《今日》开始的，而《今日》是确定这个国家当天议程的一个节目。"在罗宾逊众多的采访中，最为人津津乐道的是 2007 年对美国时任总统小布什的采访。小布什对他关于伊拉克的问题不耐其烦，没好气地说："天气很热，你最好保护好自己的秃顶。"[①] 对记者来说，因其尖锐问题而惹恼顶级政客也算是一种"荣耀"。

2008 年加入《今日》的埃文·戴维斯（Evan Davis）在牛津大学学习哲学、政治和经济，并获得哈佛大学公共管理硕士学位，著有《政府开支》《企鹅经济学和商务辞典》等作品。他在 2008 年《卫报》"英国媒体最有权力的 100 人"排行榜上名列第 69 位。2014 年转任《新闻之夜》主持人，但依然参与《今日》的经济新闻报道。

贾斯汀·韦伯（Justin Webb）毕业于伦敦经济学院，1984 年以实习生的身份加入 BBC，之后曾在英、美两地多家电台担任首席广播记者，并最终成为《今日》的主持人。他曾经采访过前首相梅杰（John Major）和布莱尔。

综上可见，《今日》的主持人大都在行业内摸爬滚打了十几年到几十年。目前的主持人平均年龄在 50 岁以上，最年长的汉弗莱斯已经 73 岁，最年轻的蜜晓·哈森是 44 岁。他们都有丰富的从业经验和极高的专业水平。

两三个小时内容丰富、快节奏的直播依靠的是背后强大的团队。《今日》虽然是早间栏目，团队却是 24 小时轮班，并拥有 BBC 遍布全球的记者资源做支撑。在绝大多数情况下，世界上任何地方发生重大新闻事件，BBC

---

① *Bush's concern for Nick's head*，17 June 2008，http：//news.bbc.co.uk/2/hi/uk_ news/7458710. stm.

记者都会在第一时间报道事件进展。全球大多数媒体无法做到这一点。

同时，BBC记者的工作常常超越了新闻采访和报道的范畴。他们还扮演着"专家"的角色，除了新闻报道外，还参与直播节目，对新闻事件进行解读、分析和点评。

原《今日》主持人埃文·戴维斯在采访中说："我一般是早上三点五十到演播室，做准备工作，简单的练习。然后，6点到9点直播。节目每天需要两个主持人，目前总共有5个主持人。差不多每周我要早起3天。有时候感觉还好，有时候感觉很疲惫。但是我很喜欢做这个节目，它在英国占有重要的地位。"[①]

曾就职于中国国际广播电台（现中央广播电视总台中国国际广播电台）的原BBC记者、主持人鲍勃·琼斯（Bob Jones）说，在BBC，从来没有人抱怨自己上非正常班次，因为新闻就意味着不可能朝九晚五，就意味着你为广大的受众"守门"，关注国内外动态，进行有效、专业性的甄别，并予以报道。

需要强调的是，大牌主持人、24小时轮班、众多的专业记者和海外记者，这些都需要大量的制作经费。广播四台是BBC广播业务板块支出最大的频率，而《今日》则是全英国制作费用最高的新闻类广播栏目。

二 著名电视栏目《新闻之夜》的案例分析

BBC的电视节目也与广播节目一样，素以专业性和影响力见长。尽管社交媒体盛行，BBC电视依然被大多数英国人视为"准确、可靠"的新闻来源。[②] 如同BBC的广播，BBC的电视新闻节目也触及国际社会或者英国政治和经济的核心议题，努力为受众提供有价值的信息服务。

时政访谈《新闻之夜》（Newsnight）是BBC的新闻标杆栏目之一。这是一档以政治经济报道、分析为主的时事栏目，主要包括专访、新闻报道和专家讨论等板块。著名电影、电视、名人资料信息网站"互联网电影资

---

① Romesh Vaitilingam, *An interview with Evan Davis*, March 28, 2017, https://www.communicatingeconomics.com/evan-davis-interview/.

② The Guardian, December 16, 2015, BBC rated most accurate and reliable TV news, says OFCOM poll, https://www.theguardian.com/media/2015/dec/16/bbc-rated-most-accurate-and-reliable-tv-news-says-OFCOM-poll.

料库"（IMDB）称《新闻之夜》的特点是"严肃新闻的报道、分析，和对重要政客和公众人物不加约束的采访"。①

《新闻之夜》自 1980 年开始亮相 BBC 二台，每周一至周五晚间 10：30 至 11：20 播出。在重大新闻发生时，《新闻之夜》会播出特别延长版。根据《新闻之夜》编辑彼得·拜伦（Peter Barron）的说法，这档时政节目在过去几十年来一直遵循这样一个原则："解读当天新闻，解释时事详情，质询政要人物。"② 在过去近 40 年的历史中，《新闻之夜》得到了受众认可。近些年来，由于对个别敏感新闻处理不慎和判断失误，栏目的名誉蒙受了损失。但尽管如此，专业性和高端品质依然使其处于同类节目的"旗舰"地位。

（一）王牌主持

《新闻之夜》现任主持人包括 2014 年从广播栏目《今日》调入的埃文·戴维斯和另外两名女主持：艾米莉·麦特莉丝（Emily Maitlis）和科斯蒂·沃克（Kirsty Wark）。其中，戴维斯接替杰里米·帕克斯曼（Jeremy Paxman），每周主持三次，是主要主持人。

帕克斯曼要算是《新闻之夜》最著名的主持人了，任职 25 年之久。1997 年 5 月 13 日，他在节目中就英国监狱系统丑闻采访了英前内政大臣迈克尔·霍华德（Michael Howard）。面对霍华德避重就轻的回答，帕克斯曼曾连问 12 次"你是否曾威胁否决他（Did you threaten to overrule him）？"，这里的"他"是指当时英国监狱系统的长官德里克·刘易斯（Derek Lewis），成为《新闻之夜》最为著名的一次访谈。很多人认为，这次访问甚至影响了霍华德的政治生涯。

2000 年《新闻之夜》20 周年纪念时，帕克斯曼对霍华德表示他当时质问霍华德只是想拼命延长访谈的时间，因为下一段节目内容在当时还未准备好。这也许是事实，也许是幽默，但无法改变的是，帕克斯曼的"拷问"影响了《新闻之夜》的风格。

---

① IMDB，https：//www.imdb.com/title/tt0163471/.
② Peter Barron, January 23, 2005, The Newsnight mission, http：//news.bbc.co.uk/2/hi/programmes/newsnight/4198849.stm.

这种风格给继任者带来了压力。2017 年在自己的新书发布会上，戴维斯接受媒体采访时表示，自己承受了很多压力。"很多人对我说：你要更强硬，你需要这样做，需要那样做……我的前任是最具对抗性和攻击性的大牌杰里米·帕克斯曼。他非常强硬。人们都说我是和他不一样的主持人，然而我一旦开始工作，他们又问：'你怎么不像帕克斯曼？'"①

戴维斯认为他之所以被选作帕克斯曼的接班人，是出于栏目风格转型的考量。但是，当他展现自己的风格时，人们却又对他不满意。2013 年，来自《卫报》的伊恩·卡茨（Ian Katz）担任编辑，试图挽救因为新闻处理不慎名声扫地的《新闻之夜》。他的目标就是尝试打造一种更偏向对话、减少对抗的新闻访谈模式，戴维斯由于性格温和而被选中。②

（二）娴熟的访谈技巧

作为时事访谈类节目，嘉宾极其重要，嘉宾的质量有时直接决定节目的好坏。与《今日》每天采访一位内阁大臣相比，《新闻之夜》显得更关注全球政治，访谈对象也包括很多他国政治人物，譬如既有英国前首相特丽莎·梅（Teresa May），也有美国前国务卿约翰·克里（John Kerry）、中国驻英大使刘晓明等。

《新闻之夜》主持人科斯蒂·沃克回顾，他们竭尽全力争取重量级嘉宾的访谈机会，几乎"绑架"采访对象。譬如，有一次他们约请采访土耳其驻英国大使，结果大使更偏爱参加 BBC World Service 的节目。于是，《新闻之夜》一位年轻的研究员在大使抵达 BBC 时，假装自己是国际台的工作人员，从而把大使接到《新闻之夜》演播间。大使先生最后选择成人之美，接受了采访。③

除了挖空心思"抓"到理想采访对象，《新闻之夜》的主持人还展现了娴熟的采访技巧。在 2018 年 9 月 12 日的一档访谈节目里，主持人麦特莉丝

① 崔颖：《BBC 名主持人：新闻业目前面临严峻形势》，2017 年 9 月 9 日，http://cul.qq.com/a/20170909/015600.html。

② Ian Burrell：Newsnight looks vulnerable as the BBC seeks cuts, November 19, 2017, https://inews.co.uk/opinion/columnists/newsnight-looks-vulnerable-bbc-seeks-cuts/.

③ Kirsty Wark：Shoulder Pads, poison dwarves and talent … February 5, 2005, http://news.bbc.co.uk/1/hi/programmes/newsnight/newsnight25/4223853.stm.

和美国前国务卿约翰·克里谈到美国总统特朗普所代表的民族主义政治势力在崛起。克里指出，部分原因在于全球化带来的巨大贫富差距，麦特莉丝顺势抓住克里作为富人的身份问道："你本人是不是问题的一部分？你上过瑞士寄宿学校，接受了常春藤教育，拥有私人帆船，乘坐邮轮等。"这个问题一下子就把克里置于守势。他甚至在节目上直接抱怨主持人的问题"有些奇怪"，因为自己一生都在挑战建制派力量。①

类似的访问一针见血，让善于辞令的政客不得不为自己辩护，让受众得以窥视政界人士不得不面对现实的窘相，并进一步认识到社会问题之所在。这个10多分钟的访谈片段在优兔上三天内的浏览量高达4.6万多人次。

2015年10月16日，中国驻英大使刘晓明就中英关系接受《新闻之夜》主持人戴维斯直播专访。下文是部分直播文字记录。

戴维斯：如果中英位置互换一下，你认为中国会允许英国的承包商在中国建设核电站吗？

刘大使：我想问一个问题，英国有足够的资金在中国建设核电站吗？

戴维斯：假如有，你认为会吗？

刘大使：我不太确定。我认为，英国希望中国来英投资建设核电站，是因为英国需要中国的资金和技术，中国拥有先进的核电技术，中国的核电站数量比许多国家都要多。

戴维斯：所以中国建造了许多核电站，而英国可以从中受益。但我认为中国不会允许英国投资中国的核电站。我从中国的政府网站上找到一份限制或禁止外商投资的产业目录，比英国限制得更为严格。目录包括放射性矿产品勘探开采、冶炼加工和包装，核燃料生产等。中国禁止外国投资其核电行业，你是不是认为我们允许中国投资英国核电站的做法很愚蠢？

刘大使：你们一点也不笨。事实上，你们很聪明，懂得用中国的资金来建造你们的核电站，让英国人民获益。可以的话，我们也想这么做。

戴维斯：这是双赢的局面。

刘大使：我同意你的说法，双赢。

---

① YouTube, September 12, 2018, https://www.youtube.com/watch? v=DpO4nguwlwM.

戴维斯：很多其他行业是英国的强项，但中国却禁止外商投资。比如航空交管。英国一家实力很强的空管公司就不能进入中国。还有邮政、拍卖、高尔夫球场建设和经营等。为什么中国禁止外商投资高尔夫球场？

刘大使：事实上，有一些外商在中国投资高尔夫球场。你最近一次去中国是什么时候？

戴维斯：这份禁止外商投资产业目录上是这么规定的，这份规定是不是过时了？

刘大使：事实上，中国企业和外国企业有很多合作，中国有不少合资企业……

戴维斯：为什么是合资形式？为什么外商进入中国不能……

刘大使：他们可以进入中国，建立合资企业。这样，中国的合资伙伴就可以帮助他们的外国伙伴了解中国市场。你要知道，中国和英国处于不同发展阶段。正如你们刚才的短片所说，英国在很多方面都比中国先进。中国还是一个发展中国家，我们必须一步一步来。我们要借鉴英国的经验，避免英国曾经犯过的错误。因此我们在一些领域要谨慎小心。

戴维斯：这是双赢的事情，我们欢迎中国来投资，允许中资进入各个领域。可是有时候看起来不太对等。

刘大使：我不这么认为。如果不对等的话，英国怎么能成为欧盟内仅次于德国的第二大对华投资国？而且，英国对华投资还在不断增长。所以我认为这是双赢的。①

戴维斯及其团队显然为此次采访做了充分的调研工作，抓住了中国投资领域不如英国开放这个事实，来向中方逼问。为此，他拿到了一份我国禁止外商投资产业目录，通俗称为"负面清单"。

戴维斯说，"采访政治家是一个很大的挑战，因为在公开场合，政治家们说话都很有分寸，很难让他们讲真话。私下聊天，他们坦诚、有趣，表

---

① 中国驻英大使"舌战"英国 BBC 主持人，2015 年 10 月 19 日，http：//www.chinanews.com/gn/2015/10-19/7575601.html。

现得比在公开场合好，但一开始录像，他们就不肯说了。"他认为："采访政治家的方式很多。有时你提出一个尖锐的问题，即使对方不回答，观众也可以了解到这个问题，以及'他不肯回答'这个信息。然后你可以提和这个问题相关的其他问题，对方也许会回答。有时你温和地提问，对方可能会诚恳地回答。这两种方式可以结合。为了令采访产生娱乐效果，有时你也可以将问题问得有趣。"①

显然，戴维斯在对刘晓明大使的采访中充分显示了自己宜人的性格和温和的访谈风格。他没有咄咄逼人，以交谈的方式同样触及问题的核心。他用"将心比心"的方式向刘大使提出问题，从而揭示中国可以投资于英国重要领域，而中国却可能无法给予英国投资者同等待遇的现实。刘大使的回答同样坦率而诚恳，客观地指出中英处于不同的发展阶段，作为一个发展中国家，中国必须小心谨慎，一步一步来。这样的回答没有否认客观存在的事实，但是又让受众接受和理解中国现行政策，达到了沟通"中外"的良好传播效果。

（二）荣也内容，损也内容

2012 年，《新闻之夜》连续两次犯下致命错误，信誉大大受损。

据警方消息，2011 年去世的《新闻职业》前主持人吉米·萨维尔（Jimmy Savile）在长达 40 年时间里可能对很多人进行了性侵犯，其中包括多名少女。该栏目记者和编辑曾于萨维尔去世后不久调查其丑闻，但由于与纪念萨维尔的节目相冲突而最终取消了有关内容的播出。BBC 总裁乔治·恩特威斯尔（George Entwistle）2012 年 10 月不得不承认这是一个"灾难性的错误"。②

紧接着在 11 月 2 日，《新闻之夜》报道指责保守党人士麦克阿尔品勋爵（Lord Alistair McAlpine）虐待儿童。或许因为在萨维尔性侵丑闻上犯了"过于保守"的错误，栏目对此事的报道仓促出台，被证明失实。"当唯一

---

① 崔颖：《BBC 名主持人：新闻业目前面临严峻形势》，2017 年 9 月 9 日，http://cul. qq. com/a/20170909/015600. html。

② Rosa Prince，*Jimmy Savile*：*George Entwistle heckled by BBC reporters after brutal grilling from MPs* October 23，2012，https://www.telegraph. co. uk/news/uknews/crime/jimmy-savile/9628228/Jimmy-Savile-George-Entwistle-heckled-by-BBC-reporters-after-brutal-grilling-from-MPs. html。

的证人承认认错了人时，BBC 一下子陷入极为被动的局面。"①

《新闻之夜》还面临着其他争议，譬如女性工作人员的比例和地位低、栏目观点带有自由派倾向等。同行竞争也极具挑战，如独立电视台 2017 年推出的晚间 10∶00 档新闻栏目《新闻之后》（After the News），在其推出的当年对英国格伦费尔塔火灾、美国总统特朗普等的报道就大获好评，关于哈维·韦恩斯坦（Harvey Weinstein）性侵案、对英国演员艾玛·汤普森（Emma Thompson）的独家采访更是在脸书和谷歌上创下 1000 多万的观看量，远超平时电视观看的 50 多万受众。②

《卫报》评论说，《新闻之后》收视率超过《新闻之夜》并不能说明什么。这种不明智的对比宛如《每日快报》（英国小报）的销售量超过《金融时报》一样。《新闻之夜》力量雄厚，有专家式记者，有学者型主持人戴维斯，他往往比被采访的官员还熟悉经济情况。③

专业团队、学术修养、重量级嘉宾、独家报道等依然是《新闻之夜》保持活力和持续发展的推动力。这也符合 BBC 和整个英国传统媒体的特点。在社交媒体迅速扩张的今天，平台的重要性大为提升，但核心竞争优势依然是内容和质量。依靠高质量的内容，《新闻之夜》仍有望续写过去几十年的辉煌。

三　BBC 的成功经验和主要挑战

（一）公共属性和独立原则

BBC 在 20 世纪初成立时也是以赢利为目标的商业公司。后来，时任总经理约翰·里斯（John Reith）对 BBC 的未来发展进行了精心设计：BBC 是一个公共广播机构，但并非普通的公共机构，它必须独立于政府和商业利益。

"正是里斯的这一理念，引导 BBC 走上了与当时的美国和苏联的广播完

---

① 王菊芳：《BBC 之道：BBC 的价值观与全球化战略》，生活·读书·新知三联书店，2013 年 8 月，第 210 页。

② Graham Ruddick, *ITV's After the News beats BBC's Newsnight in ratings*, October 20, 2017, https：//www.theguardian.com/tv-and-radio/2017/oct/20/itv-after-the-news-bbc-newsnight-ratings.

③ Peter Preston, *ITV's After the News is no Newsnight* Oct 29, 2017, https：//www.theguardian.com/media/2017/oct/29/after-the-news-newsnight-itv-bbc.

全不同的道路……在美国，商业广播电台为私人所有，虽然独立于政府，但却很容易受广告商的左右；在苏联，刚组建的电台处于国家的严格控制之下。相比之下，BBC 从成立初期就确立了编辑独立的原则。"① 当然，这种独立并非绝对，譬如收取牌照费，还是要在政府部门的管理之下。BBC 的全球广播电视播出最终还是要服务于英国国家利益。BBC 的公共服务包含提供信息、提升民众知识水平和娱乐大众（to inform，educate，entertain）。在 2017 年报中，总裁托尼·霍尔（Tony Hall）强调，BBC 是英国对外出口的最有价值的产品之一。②

BBC 成功地树立了一个"独立"和"不偏不倚"的媒体形象。这个形象如此深入人心，以至于《1984》的作者乔治·奥威尔在 1944 年说道，"我从 BBC 那儿听到的"基本上就等同于"我知道它是真的。"③

即使是因为揭露英国政府篡改伊拉克情报、片面夸大萨达姆政权的危险性、并错误发动战争从而导致相关报道的匿名消息源——英国生化武器专家凯利不胜压力自杀身亡，BBC 还是强化了其敢于挑战英国政府的客观求实的独立形象。毕竟，伊拉克战争是违法的侵略行为，既没有得到联合国安理会的授权，也没有找到"大规模杀伤性武器"的证据。

相比较而言，在伊拉克战争前夕，美国多家知名媒体，包括所谓自由派的《纽约时报》和《华盛顿邮报》，都发表社论公开支持美国政府发动伊拉克战争。这一做法，让他们的 BBC 同行颇为不解，以至于有人这样描述美国媒体：伊战的推手和特殊的"战争武器"。④

同时，BBC 的资金来源，也就是众所周知的牌照费制度，也对其公共属性带来根本的影响。英国学者尚克尔曼在《透视 BBC 与 CNN》一书中说，BBC 组织的一些核心理念，都与 BBC 的资金模式紧密相关。首先，在 BBC 人眼中，公共资金使得 BBC 与众不同。它不仅仅是一个媒体机构，而且是英国人生活的一部分；其次，BBC 一直强调，牌照费是 BBC 可以摆脱

---

① 王菊芳：《BBC 之道：BBC 的价值观与全球化战略》，生活·读书·新知三联书店，2013 年 8 月，第 45 页。

② https://www.bbc.co.uk/mediacentre/speeches/2017/tony-hall-ny-message.

③ The BBC History：factsheets 1940s.

④ 伊拉克战争中的美国媒体：特殊的"战争武器"，http://www.globalview.cn/html/global/info_ 12258. html.

商业利益和政治利益的压力，从而使其"在业务上做到最好"。

相比 BBC 坚持新闻传统、尽力不偏不倚地传播信息，许多美国媒体为了吸引受众，公开以某种立场报道新闻。譬如福克斯新闻台永远嘲笑、批评自由派前总统奥巴马，维护和支持现任总统特朗普；同样，自由派电视台的主持人公然对不喜欢的共和党开战。这样的新闻制作模式的确吸引了和自己观点类似的受众，也为公司赢利做出了贡献，但却背离了新闻的客观、真实和公正的基本原则。长远来看，在公司利益最大化的同时，公共利益则越来越小。

和其他媒体相比，BBC 依然是英国民众最信任的媒体，57%的英国人称 BBC 是他们唯一信得过和准确的新闻来源。在英国，BBC 继续保持着最大的新闻提供方的角色。据 BBC 年报，在 2018~2019 年，约八成 16 岁以上英国人每周都要从 BBC 获取新闻，远远超过其他的新闻机构；BBC 的电视收视率依然非常高，成年观众中，在英格兰的平均收视率为 78%，北爱尔兰、苏格兰、威尔士都达到 80%。[①]

（二）充沛的人才供应

人才和 BBC 的成就是相辅相成的关系，BBC 的成功得益于那些高素养专业人才源源不断的加入。这些顶端人才之所以选择 BBC，也恰恰是因为 BBC 的公共属性和服务大众的理想在英国政治和生活中不可替代的重要作用。"BBC 拥有大量的优秀员工，很多著名的记者和主持人都是牛津、剑桥等名校的高材生。他们之所以愿意进入 BBC 工作，其中一个原因便是工作带来的自豪感。因为在他们眼中，为 BBC 工作，便是在为公众服务。"[②]

BBC 高层管理人员中不乏社会名流。譬如，曾经担任 BBC 信托委员会主席的彭定康（Christ Pattern）是英国保守党资深政治家，曾任环境部部长、保守党主席及香港最后一任总督，后被委任为欧盟外交事务专员，继而担任牛津大学校监。这样一位经验丰富、人脉深广的政治家愿意到 BBC

---

① BBC：BBC Group Annual Report and Accounts 2018/19, pp. 41, 43, 45, 47.
② 王菊芳：《BBC 之道：BBC 的价值观与全球化战略》，生活·读书·新知三联书店，2013 年 8 月，第 373 页。

任职，应该说不仅有自己的抱负和理想，也有对这家新闻机构的看重。

从 BBC 离开的新闻人也往往变身为政府高管，或者新闻官员。这也从另一个侧面反映出 BBC 人才济济的现状。比如：

兰斯·普莱斯（Lance Price），从 BBC 的时政记者转到首相府新闻办公室，后来直接为工党工作，日后又回到广播行业工作；

汤姆·凯利（Tom Kelly），曾是"晚间新闻"的制片人，后来成为爱尔兰新闻部主任，之后是布莱尔的官方发言人；

约翰·波特（John Birt），曾经担任 BBC 总裁，后成为波特勋爵、工党医院的秘书长，并担任布莱尔的特别顾问；

萨拉·亨特（Sarah Hunter），曾在 BBC 政策部工作，2001 年转到政府担任体育与文化顾问。

（三）当下的问题与挑战

BBC 于 1922 年 11 月 14 日开始日播，如今已成为集广播、电视、数字媒体于一体的媒介巨头，拥有近两万名员工，主要收入来源为用户缴纳的收视费。

在近一个世纪的发展历程中，BBC 遇到过各种问题与挑战，近年面临的主要问题是财务压力，男女同工不同酬丑闻，以及数字时代的竞争压力等。其中财务和新媒体竞争压力最为突出并相互关联。

和许多传统媒体一样，BBC 在新媒体领域的发展需要对内容和技术做大量投入，而电视执照费这一最大的收入来源却不太乐观。英国议会和政府先是免除了 75 岁以上观众的收视费，这部分收入占 BBC 当时收视费年收入的 18%，[①] 后又停掉了对 BBC World 的直接拨款。BBC 总裁托尼·霍尔在公布 BBC 2018~2019 年度计划时称，过去八年 BBC 的资金支持实际减少近 20%，而展望未来十年，对英国内容产品创作的投入也和实际需求之间存在巨大差距。[②] 为了提升集团的自身造血功能，2018 年 4 月，BBC 将其直属的影视制作公司 BBC Studios 与 1994 年成立的专司国际节目发行的 BBC 环球公司（BBC Worldwide）合并，成为新的 BBC Studios 集团公司，负责深化和

---

① https：//www.todotvnews.com/news/bbc-worldwide-five-year-plan.html.

② https：//www.bbc.co.uk/mediacentre/speeches/2018/tony-hall-annual-plan.

拓展全球范围的内容制作、销售和发行，BBC 环球新闻频道（BBC World News）也大力开展商业化运营，以提高集团的整体创利能力。BBC2017/2018 年报显示（见图 1-4），BBC 该财年商业收入 12.33 亿英镑，占总收入的四分之一（24.3%）。①

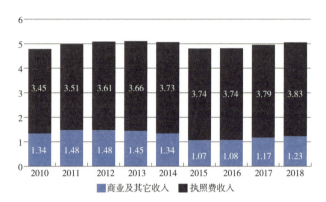

图 1-4　BBC 历年执照费和商业收入情况（单位：10 亿英镑）

资料来源：Statista.

停办 BBC 电视三台电视频道和出让世界一级方程式赛车锦标赛转播权等一系列决定也是缓解收支压力的无奈之举。BBC 还将运营费用压缩到了行业领先水平——仅占全部成本的 6%，优于大多数商业媒体，从而令内容生产投入占执照费收入的比例创下纪录。②

但与经费压力相比，如何赢得年轻受众被总裁托尼·霍尔视为 BBC 需要应对的最大挑战。调查显示，成年人通过社交媒体浏览新闻的时间为 8%；在 16~24 岁的年龄组中，这个比例则高达 25%。年轻人看电视的时间下降了 30% 左右。③

2019 年 3 月，霍尔在一场媒体和信息产业大会上表示，5 年后，也许 10 年后，数字媒体将成为一些受众唯一使用的媒体服务，传统媒体必须在经营理念和方式上彻底转型，"从媒体做什么受众就看什么和听什么，转变

① https：//www.bbc.com/aboutthebbc/reports/annualreport.

② https：//www.bbc.co.uk/mediacentre/speeches/2019/tony-hall-media-telecoms.

③ Mark Sweney，OFCOM：Young people watch a third less TV on sets as they move online July 7，2017，https：//www.theguardian.com/tv-and-radio/2017/jul/07/OFCOM-young-people-watch-a-third-less-broadcast-tv-as-they-move-online.

为主动适应受众需求，直接向他们提供价值……与受众'签订一个新契约'……建立一种更个人化、更相关的一对一的关系……融入他们的生活。"① BBC 必须对受众习惯的变化做出响应，包括那些坐在马桶上看新闻的人，因为现在"有 61% 的智能手机用户躺在床上看新闻，45% 的人是在路上看，35% 的人在卫生间里看。"②

霍尔认为，和传统媒体相比，脸书和推特等社交媒体在提供新闻的数量和速度以及与受众互动等方面具有较大优势，但由于监管缺失和行业自律不够，社交媒体提供的新闻缺乏客观性和真实性的保障。社交媒体传播的往往只是现象、事件或数据的集合，信息源不可考，没有对新闻事件前因后果的深度阐释，严格意义上来说并不是专业的新闻产品。社交媒体这方面的短处恰恰是 BBC 这种提供专业新闻报道的传统内容供应方的核心竞争力。霍尔呼吁英国媒体监管部门重视其对新媒体的监管，并警告说如果任由脸书、苹果、亚马逊、网飞、谷歌等美国新媒体巨头占据主导地位，将冲击本土传媒业，进而可能动摇本土价值观和文化认知。③

---

① https：//www.bbc.co.uk/mediacentre/speeches/2019/tony-hall-media-telecoms.
② https：//www.theguardian.com/media/2019/mar/28/bbc-must-stand-up-for-impartiality-says-director-general.
③ https：//www.bbc.com/news/entertainment-arts-44793488.

第二章 英国新媒体行业发展与用户分析

根据 2016 年 11 月世界互联网大会发布的《2016 年世界互联网发展乌镇报告》，全球互联网用户保持增长，从 2015 年的 32 亿提升至 2016 年的 35 亿，发达国家互联网用户普及率超过 80%，[①] 英国互联网用户超 6000 万，占总人口的 92.6%。[②] 与之相对应，新媒体发展迅猛，受众已经步入日新月异的新媒体时代。

新媒体是一个不断发展的概念，并有着泛社会化的趋势。本章所界定的新媒体是指进入 20 世纪 90 年代以后，以互联网技术为核心，结合数字技术和移动技术发展延伸出来的新的传播形式。它的主要载体有互联网、智能手机和各种手持接收终端等新技术产品，旨在以形形色色的符号和手段向用户提供信息和娱乐产品及服务。与传统媒体相比，新媒体的传播范围大大扩展，传播速度大大加快，传播方式大大丰富。

新媒体既包括在传统媒体基础上改造而来的新型媒体，也包括与传统媒体对应意义上的新兴媒体。新型媒体指互联网上的第一代媒体，发源于 20 世纪 90 年代中期。一旦内容上传到互联网上，人们可以按照自己方便的时间去使用这些上传的信息和服务，不必按照传统媒体生产者确定的时间表去使用。新型媒体大多在传统媒体基础上升级换代，向着数字化、交互化、超链接、可视化、圈子化和虚拟化的方向发展，如数字互动电视、数字广播、音视频播放器、报刊和电子书阅读器、传统媒体的 APP 及社交媒体账号等。英国主流媒体的新媒体大都属于这一领域。

新兴媒体指互联网上的第二代媒介，发源于 20 世纪末，兴盛于 21 世

---

① 《乌镇报告：全球互联网用户达 35 亿弥合数字鸿沟》2016 年 11 月 18 日，http：//news. xinhuanet. com/fortune/2016-11/18/c_ 1119942879. html。

② http：//www. internetlivestats. com/internet-users/uk/.

纪，最大的特点是人人成为发布者、制作人和推广人，其内容的消费者也都可以是内容的生产者，生产者多半是非专业人士，个人能够选择适合自己才能和兴趣的新兴媒体去表达和发布，而且其突出的社交属性使得新兴媒体的服务功能要远远胜过搜索引擎和电子邮件。[①] 一些热门的新兴媒体有博客（Blogging）、维基百科（Wikipedia）、第二人生（Second Life）、聚友网（Myspace）、播客（Podcast）、脸书（Facebook）、掘客（Digg）、优兔（YouTube）、红迪网（Reddit）、推特（Twitter）、WhatsApp、飞丽博（Flipboard）、照片墙（Instagram）、色拉布（Snapchat）等。

根据"补偿性媒介理论"，任何一种后继的媒介都是对过去的某一种媒介或某一种先天不足的功能的补救。因此，互联网作为一种前所未有的补偿性媒介，补救了电视、书籍、报纸等传统媒介的不足，以集成化的平台优势整合了声音、光影、文字等人类以往所有的传播手段。手机的出现又使得行走与声音这两种人类最基本的传播方式得以整合，补偿了电脑上网移动性不便这一不足。[②]

在比较新媒体和传统媒体时，这一理论为我们提供了一个有益的视角。一方面，以互联网和手机为主要传播工具的新媒体，的确对原有的传播媒介进行了全面"补偿"，不仅改变了文化传播过程，也深刻影响着传统媒体在新的技术和时代语境中的前途命运。另一方面，无论新媒体在技术和手段上如何创新和丰富，其根本仍是为了满足人们对于信息的需求和对交流的渴望，因而在内容上与传统媒体有着千丝万缕的联系，两者相互融合又相互促进。

与传统媒体相比，从技术上看，新媒体实现了数字化传播，便于检索、编辑、存储和复制，让传者和受者有了不同于传统媒体的全新体验：快速、方便、丰富。[③] 从内容上看，新媒体聚合海量信息供用户共享，实现了双向即交互化传播；允许用户定制信息实现了个性化传播；通过将不同的信息和服务呈献给特定的用户，实现了受众的细分化；同时允许多人合作创作，内容更贴近大众。从营销上看，新媒体的营销呈现多元化，不少新媒体在

---

① 〔美〕保罗·莱文森著《新新媒介》，第 2 版，何道宽译，复旦大学出版社，2014，第 3 页。
② 李怀亮：《新媒体：竞合与共赢》，中国传媒大学出版社，2009，第 15 页。
③ 赵多佳：《新媒体与受众》，出自李怀亮主编《新媒体：竞合与共赢》，中国传媒大学出版社，2009，第 37 页。

传播上能够精准投放，将信息推送给最适合的用户，甚至提供专属精神文化产品的有偿消费，做到点对点传播，为网络广告、网络游戏、电子商务等增值服务提供了巨大的市场空间；而且由于多数新媒体具有泛社交化的趋势，催生了粉丝经济，受到广告商的青睐。[1]

新媒体虽然有诸多优势，但也有一些明显的弊端和潜在危险，如网络内容公信力弱，信息泛滥，充斥垃圾信息和流言，侵犯知识产权造成著作权纠纷，存在受黑客和病毒攻击的安全隐患，容易泄露隐私，有网络欺凌和网络盯梢甚至发生恐怖活动的风险。[2] 传统媒体则依然享有一定的品牌优势、内容优势和基础保障优势，以真实内容、深度报道和权威发布吸引着受众。

新媒体并不能完全取代传统媒体。尽管数字革命改变了媒体的表现形式，但用于指导内容创作的内在价值观念并没有发生巨大改变。新媒体与传统媒体既相互争夺用户，又需要进一步融合，实现共赢。

第一节　英国新媒体用户的使用偏好

新媒体在现代传播中的作用越来越突出，已经成为人们获取信息的主渠道之一。根据传播学、心理学和经济学等相关领域的定义综合来看，媒体使用偏好（preference）是指当媒体消费者面对不同的媒体或信息消费组合（media or information consumption bundle）时，对于消费组合的优劣、喜欢与否等做出的主观意见和判断，它是非直观的。引起偏好的感性因素多于理性因素。偏好可以是无意识的，也可能会随着时间、环境、预期的变化而变化，而且即使在做出消费选择之后也可以随时出现偏好的转变。媒体使用偏好有明显的个体差异，但在大样本情况下经常表现出一定程度的群体特征和共性，这也成为我们研究媒体消费偏好的前提。

一　英国新媒体用户的基本构成与主要特点

根据网络调查公司 We Are Social 联合网站和在线品牌管理服务提供商

---

[1] 陈永东：《赢在新媒体思维：内容、产品、市场及管理的革命》，人民邮电出版社，2016，第 25 页。

[2] 〔美〕保罗·莱文森著《新新媒介》，第 2 版，何道宽译，复旦大学出版社，2014，第 6 页。

Hootsuiter 共同发布的《2019 数字年鉴》，① 截至 2019 年 1 月，英国约有 6677 万人口，其中移动服务/订阅账号（mobile connections/subscriptions）约 7167 万个，与总人口数之比约为 1.07∶1，意味着英国平均每人有 1 个以上 的移动服务/订阅账号。英国的互联网用户约为 6343 万人，渗透率（与总 人口数之比）高达 95%，在全球范围内属于最高水平，远高于英国的 84% 的城镇化率（中国城镇化率接近 60%），可由此推断出英国的互联网用户遍 布城镇和农村。同时，英国的社交媒体用户约为 4500 万人，渗透率为 67%， 仅次于北美（70%）和东亚（70%）；其中，移动社交媒体用户约为 3900 万人，渗透率为 58%，占社交媒体用户总数的 86.67%，与美国（86.9%） 和欧洲大陆（85%）的情况大致相当，但低于全球平均水平（93.45%）， 且远不及中国社交媒体用户的移动互联比例（100%）。

图 2-1　2019 年 1 月英国网络和社交媒体用户统计简图

资料来源：We Are Social.

从动态比较上看（见图 2-2），2018 年 1 月至 2019 年 1 月，英国互联 网用户增加了 36.9 万人，同比增长 0.6%，低于前一年 5% 的增幅；移动服 务订阅用户较上年比减少 100 万人，增长率由 2017~2018 年的 2% 下降到 - 1.4%，是该统计数据近年来首次出现的负增长记录。与此同时，英国的社 交媒体整体活跃用户增加了 100 万人，同比增长 2.3%，绝大多数都使用移

① Digital 2019：The United Kingdom，We Are Social，https：//wearesocial.com/uk/digital-in-the-uk.

动设备登录社交媒体。相比之下，美国社交媒体活跃用户在同一年度为零增长，中国则增长 10%，而整个欧洲范围内增长率为 3.2%。① 在新媒体渗透率较高的发达国家中，英国数字媒体市场的增长速度有所放缓，但在移动订阅用户出现负增长的情况下，社交媒体市场、特别是移动社交媒体市场仍然创造了新的增长，这种变化所呈现出的移动互联偏好和社交网络化趋势值得关注。

图 2-2　2019 年 1 月英国新媒体用户年度增长率

资料来源：We Are Social.

（一）英国新媒体用户的人口结构

网络调查公司 We Are Social 基于对脸书、照片墙和 Facebook Messenger 用户的调查发现，截至 2019 年 1 月，英国 4500 万社交媒体用户中男性约占 48%，女性占 52%左右；25~34 岁的年轻人和 35~44 岁的"X 一代"是主力人群（见图 2-3），这个年龄段的人群愿意接触新鲜事物，而且有一定的经济实力，是最主要的新媒体消费群体。而在 18~44 年龄段的英国成年人中，男女用户使用社交媒体的比例相当。值得注意的是，年龄值越大，女性新媒体用户的比例越高，这表明 45 岁以上的英国女性接受新信息和新媒体的意愿和能力比同年龄段的英国男性更高。

---

① Digital 2019：The United Kingdom，We Are Social，https：//wearesocial.com/uk/digital-in-the-uk.

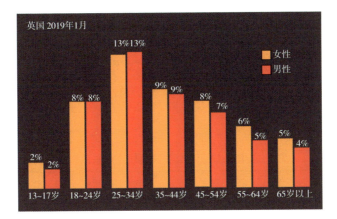

图 2-3　2019 年 1 月英国社交媒体用户结构分析

资料来源：We Are Social.

数据统计门户网站 Statista 对不同年龄段脸书用户的调查得出了基本类似的结论，截至 2018 年 1 月的数据显示，25～34 岁的群体和 35～44 岁的群体是英国脸书用户的主力。[①] 因此，新媒体产品的开发和营销策略应该主要照顾到这一年龄段的目标群体的需求和使用偏好。

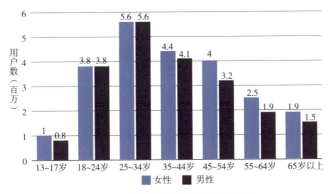

图 2-4　英国脸书用户年龄段分布

资料来源：Statista.

---

① Statista：Number of Facebook users in the United Kingdom（UK）2018，by age and gender，https：//www.statista.com.

（二）英国新媒体用户的社会经济结构特点

英国国家统计办公室（ONS）按照公民主要经济收入来源和财产数量，将英国人口的社会经济结构划分为6级，以此作为调查和统计的基础。根据2017年数据，英国中产阶级以上人口（A+B）数量约为27%，中下阶层（C1）约占29%。[①]

表 2-1　英国人口社会经济层级划分（来源：ONS）

等级	社会阶层	代表性职业或收入来源	比重
A	中上阶层 upper middle class	高级管理者、经理或专家	4%
B	中产阶层 middle class	中级管理者、经理或专家	23%
C1	中下阶层 lower middle class	初级管理者、经理或专家以及监工	29%
C2	技术阶层 skilled working class	专业技术工人	21%
D	工薪阶层 working class	普通技术工人	15%
E	无业阶层 non working	临时工或低收入工人、申请救济者	8%

按照上述社会阶层划分，2018年英国成年人非互联网用户的分布情况如图2-5所示。

英国通信管理局发布的2018年《通信市场报告》显示，[②] 虽然互联网已在英国日益普及，但还没有达到全民覆盖的水平。根据图2-5显示的结果推演，2018年互联网在英国中上收入阶层和中下收入阶层（ABC1）的渗透率高达96%，技术阶层和工薪阶层以下人口的渗透率为83%；工薪阶层

[①] Office for National Statistics（ONS），https：//www.ons.gov.uk.

[②] Ofcom Communications Market Report 2018，OFCOM，https：//www.ofcom.org.uk/__data/assets/pdf_file/0022/117256/CMR-2018-narrative-report.pdf.

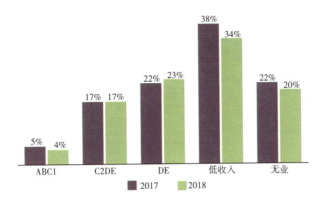

图 2-5 英国各阶层非互联网用户占成年人口比例分析

资料来源：英国通信管理局。

和无业阶层的互联网渗透率约为 77%；在低收入人群中的渗透率仅为 66%。根据该报告的研究结果，非互联网用户多为高龄和低收入人群，其中年龄在 65 岁以上的英国人中 36% 没有使用互联网，而在 16～24 岁的年轻人中互联网的渗透率高达 98%，25～34 岁的英国成年人中互联网的渗透率也有 97%。整体而言，互联网普及的趋势明显，用户数量逐年增多。如图 2-5 所示，2018 年英国成年人中有 20% 的失业人口没有接入互联网，这个数值比 2017 年的数据低了 2 个百分点，比 2016 年的数据低了 5 个百分点。①

　　通过分析可以看出，在英国社会阶层中，中等收入以上的阶层（ABC1）是互联网和新媒体的主力，经济收入水平越高互联网使用率也越高。

二　英国新媒体用户使用偏好分项研究

　　研究发现，社交媒体在英国迅速发展，挤占电视、广播、报纸等传统媒体的市场份额，并日益成为人们获取资讯的主要渠道。② 除了传统的个人电脑、平板电脑以外，越来越多的新媒体用户开始使用智能手机等移动终

① Ofcom Communications Market Report 2018, OFCOM, https：//www.ofcom.org.uk/_ _ data/assets/pdf_ file/0022/117256/CMR-2018-narrative-report.pdf.

② UK, Rose McGrory Social Media Ltd, http：//www.rosemcgrory.co.uk/social-media-statistics-2018.

端，在脸书、优兔、推特等社交媒体平台上获取新闻资讯和娱乐消息；同时也有越来越多的新媒体用户参与到新闻的获取和制作过程中。每个人既是信息的获得者，同时也是生产者，用户（consumer）和生产者（producer）的界限日趋模糊，合而成为亦生产亦消费者（prosumer）。① 与此同时，英国电视和广播等新媒体产品也在不断网络化、社交化，既适应用户的需求，客观上也改变了用户的消费习惯。用户与产品之间通过不断互动，发展出具有信息化时代特点的新型媒体产品偏好。

（一）英国新媒体用户的使用频次和时长

多家新媒体和网络调查公司的研究均发现，近年来英国受众在互联网和移动通信终端的使用频率方面有显著的提升，人们似乎越来越被网络和新媒体所包围，生活中的大量时间都投入到资讯的海洋之中。图 2-6 分析了英国受众出于个人需要使用互联网的状况，其中 90% 的互联网用户每天都要上网，仅有 8% 的用户每周使用一次互联网，有 2% 的人每月使用一次互联网，每月使用互联网少于一次的人不到 1%。②

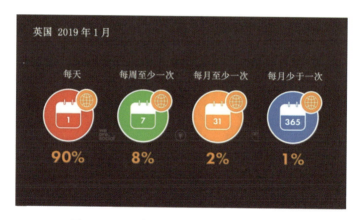

图 2-6　2019 年 1 月英国人互联网使用频率
资料来源：We Are Social.

---

① Alvin Toffler: The Third Wave, 1984.
② We Are Social: 2019 Digital Yearbook, https://wearesocial.com/uk/special-reports/2019-digital-yearbook.

　　在使用时长方面，根据英国广告从业者协会（The Institute of Practitioners in Advertising，简称 IPA）① 和英国通信管理局的数据②统计，总体而言，英国媒体用户在各种渠道、平台和设备上消费的内容比以往任何时候都要多，而且消费行为具有同步性。2018 年英国成年人的日均媒体（电视、广播、社交网络/通讯、互联网、电影院及其他）消费总时长为 8 小时 11 分钟，其中新媒体用户每天使用各类设备上网的时间平均为 5 小时 51 分钟，占媒体消费总时长的 71.5%。截至 2019 年 1 月（见图 2-7），英国新媒体用户每天使用各类设备上网的时间平均为 5 小时 46 分钟，使用各种手段登录社交媒体的时间平均为 1 小时 50 分钟，每天使用各类工具收看视频节目（电视、流媒体、视频节目点播）的时间平均为 3 小时 42 分钟，每天收听流媒体音乐节目的时间平均为 1 小时 5 分钟。排除用于吃饭、睡觉等生活必需事务的时间，一个成年人每天能够有效获取信息的时间大约只有 14 小时，而其中有超过 40% 的时间即近 6 小时用于上网，收看视频和收听流媒体音乐的合计时间已接近 5 小时，上网已经成了很多人的"生理需求"。③

图 2-7　2019 年 1 月英国互联网用户日均使用媒体以及与媒体互动的时间
资料来源：We Are Social.

---

① IPA：2018 TouchPoints data shows growth in SVoD category. https：//ipa. co. uk/news/netflix-viewers-soar-by-45-yoy.

② We Are Social：2018 Digital Yearbook，https：//wearesocial. com/uk/special-reports/2018-digital-yearbook.

③ We Are Social：2019 Digital Yearbook，https：//wearesocial. com/uk/special-reports/2019-digital-yearbook.

根据英国通信管理局 2018 年发布的《成人媒体使用与态度报告》^① 和网络调查公司 We Are Social 2019 年 1 月的调查结果（见图 2-8），英国成年人每周上网总时长逐年增加但增势趋于平缓，2017 年英国成年人每周上网平均 24 小时，截至 2019 年 1 月已达每周 40 小时 22 分钟。无论出于怎样的互联网使用动机，英国成年人对于网络的需求和依赖程度确定在高位。

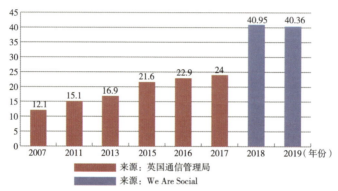

图 2-8　英国新媒体用户每周平均上网时长趋势 2007~2019 年　（单位：小时）

数据来源：英国通信管理局，We Are Social。

（二）英国新媒体用户的上网动机和内容偏好

随着英国成年人每周上网时间逐年增加，他们把更多工作和私人事务放到线上平台处理，获取信息的方式也呈现网络、社交化的特点。根据英国国家统计局（ONS）2019 年 4 月公布的数据（见图 2-9），2018 年英国所有成年互联网用户中最主要的五项活动排名和用户占比分别是：收发电子邮件（84%）、查找商品或服务信息（77%）、网上银行（69%）、社交网络（65%）和观看网络视频（62%）。^②

英国互联网用户在社交媒体上的行为特点在图 2-10 得到进一步说明。截至 2019 年 1 月，有 96% 的互联网用户在参与调查之前的一个月内访问过社交

---

① OFCOM：Adults' Media Use and Attitudes Report 2018. https：//www.ofcom. org. uk/_ _ data/assets/pdf_ file/0011/113222/Adults-Media-Use-and-Attitudes-Report-2018. pdf.

② Exploring UK's digital divide，https：//www. ons. gov. uk/ peoplepopulationandcommunity/householdcharacteristics/homeinternetandsocialmediausage/articles/exploringtheuksdigitaldivide/.

媒体网站或使用过即时通信工具，每人平均拥有 7.1 个社交媒体账号，有 13%
的互联网用户出于工作目的使用社交媒体平台，使用各种手段登录社交媒体
的时间为平均每天 1 小时 50 分钟。考虑到这是推及全英所有成年互联网用户
登录社交媒体的日均时长，显示出英国成年人对于社交媒体的高度依赖性。

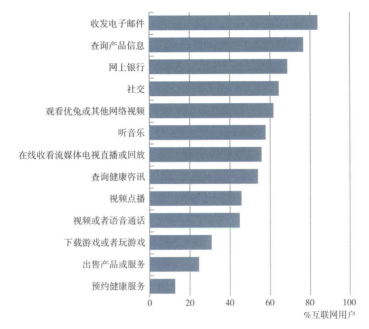

图 2-9　英国成年互联网用户主要上网行为统计（2018）

资料来源：ONS.

图 2-10　2019 年 1 月英国成年社交媒体用户的行为特征

资料来源：We Are Social.

如果单纯从网络直播内容来分析英国新媒体用户的内容和行为偏好的话，我们可以发现（见图 2-11），截至 2019 年 1 月，绝大多数的英国互联网用户（88%）会在线观看视频内容，60% 的互联网用户在线收看电视节目，在线收看视频内容的便捷性、即时性大大提升了用户的观看体验。

图 2-11　2019 年 1 月英国流媒体用户的内容偏好

资料来源：We Are Social.

一份来自 Enders Analysis 的调查报告[①]进一步印证了英国互联网用户对于在线观看网络视频的偏好。针对在线用户付费内容的调查显示，2016 年至 2018 年的三年间，在线媒体付费比例在视频和音乐等重要垂直媒体领域迅速上升。2018 年，39% 的用户支出流向了手机、游戏机、个人电脑或在线平台的游戏领域；紧随其后的是付费视频业务且增速较快，在互联网用户愿意购买的所有内容中排名第二；流媒体音乐是第三大付费类别，贡献了 54% 的音乐行业总收入；电子书和有声读物的用户付费正在小幅增长，而用户在新闻内容类别的付费行为则相当收敛。

（三）英国新媒体用户的使用地点偏好

根据英国国家统计局 2019 年 4 月公布的数据（见图 2-12），[②] 77% 的英国成年人在"移动"状态下上网，其中 95% 的 16 岁至 24 岁用户、97% 的 25 岁至 44 岁用户和 92% 的 35 岁至 44 岁用户选择移动上网。此外，英国通

①　Enders Analysis：Online media monetisation-when free costs too much，2019 年 5 月，第 5 页。

②　Exploring UK's digital divide，https：//www.ons.gov.uk/peoplepopulationandcommunity/householdcharacteristics/homeinternetandsocialmediausage/articles/exploringtheuksdigitaldivide/.

信管理局 2018 年发布的《成人媒体使用与态度报告》显示，有 70%的智能手机用户表示曾在公共场所使用公共无线网络。① 从家中到办公或学习场所，再到休闲娱乐场所等公共空间以及其他移动场景，固网+公共网络资源+移动网络覆盖令用户"时刻在线"成为可能。

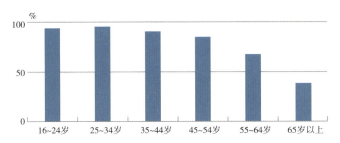

图 2-12　英国移动互联网成年用户年龄段分布

资料来源：英国国家统计局。

（四）英国新媒体用户的媒介终端偏好

英国新媒体用户接入互联网的"移动"属性也体现在他们偏好的终端设备上。调查显示，无论是在家中还是其他场所上网，英国成年人上网都倾向于使用智能手机作为终端。

图 2-13 提供了 2017 年英国 16 岁以上成年人在不同场所使用上网设备的对比情况。智能手机是英国成年人使用最多的上网设备。在家以外的场所，72%的上网时间是用智能手机；即便在家中，也有 37%的上网时间是用智能手机。英中国国际广播电台告从业者协会（IPA）在 2017 年 9 月发布的媒体日报告中称，智能手机对于年龄在 20～33 岁之间的英国"千禧一代"至关重要，这个群体中分别有 65%和 60%的用户在起床后 5 分钟和睡前 5 分钟内看手机。②

---

① Adults' Media Use and Attitudes Report 2018, OFCOM, https：//www. ofcom. org. uk/＿＿data/assets/pdf＿file/0011/113222/Adults-Media-Use-and-Attitudes-Report-2018. pdf.

② Adults spend almost 8 hours each day consuming media, https：//ipa. co. uk/news/adults-spend-almost-8-hours-each-day-consuming-media.

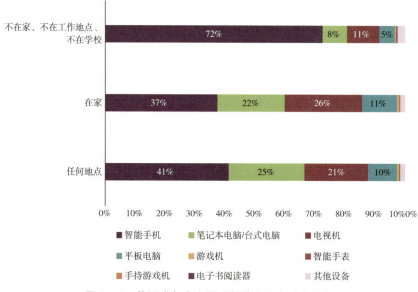

图 2-13 英国成年人上网时长的终端和地点分析

资料来源：TouchPoints 2017.

英国监管部门发布的分析显示，① 智能手机比台式电脑更加受互联网用户欢迎的趋势从 2016 年开始显现，并在 2017 年得以延续。通过智能手机上网的便利性以及 4G 等移动网络的快速性决定了英国新媒体用户步入了移动互联时代。

英国是互联网终端设备的使用大国，智能手机等移动通讯设备的普及率很高，为人们通过网络随时获得资讯和娱乐节目带来便利。据统计（见图 2-14），截至 2019 年 1 月，英国成年人口中 92% 的人拥有移动电话，77% 的人拥有智能手机，74% 的人拥有笔记本或台式电脑，89% 的人拥有电视机，53% 的人拥有平板电脑，22% 的人使用流媒体电视服务，9% 的人拥有电子书等可阅读设备，此外还有 9% 的人拥有 iWatch 等可穿戴移动通讯设备。调查结果显示，② 移动通讯设备是英国人平时获取信息的主要来源，智

---

① Adults' Media Use and Attitudes Report 2018, OFCOM, https：//www. ofcom. org. uk/_ _ data/assets/pdf_ file/0011/113222/Adults-Media-Use-and-Attitudes-Report-2018. pdf.

② Digital 2019：The United Kingdom, We Are Social, https：//wearesocial. com/uk/special-reports/2019-digital-yearbook.

能手机正在逐步代替传统媒体的相关功能。能否快速、持续地推出适用于移动平台的媒体服务和产品很可能将决定一个媒体的生死。

图 2-14　2019 年 1 月英国成年人电子设备使用人口占比
资料来源：We Are Social.

英国通信管理局 2018 年《通信市场报告》的调查结果显示（见图 2-15），英国 18 岁以上新媒体用户台式电脑或笔记本上网的时长占比为 25%，使用智能手机和平板电脑上网时长占比分别为 62% 和 13%，也就是说，他们 75% 的上网时间使用的是移动终端。

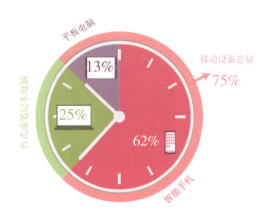

图 2-15　英国 18 岁以上用户终端使用时长占比
资料来源：comScore MMX Multi-Platform，2018 年 3 月，UKOM Digital Market Overview，年龄：18 岁以上。

英国通信管理局 2016 年的一次专项调查显示,[①] 英国人消费网络音频产品时所使用的终端类型也呈现比较有趣的年龄和阶层特征。以网络流媒体音乐为例,年龄越小的用户越倾向于使用智能手机收听网络音乐,特别是 16~24 岁年龄段的用户,倾向于使用智能手机的比例高达 70%;而 45 岁以上年龄段的用户只有 33% 左右会使用流量来收听网络音乐,他们更倾向于用笔记本电脑、平板电脑或台式电脑播放音乐(合计占比 59%)。从社会阶层来看,收入水平越低的人群越倾向于使用智能手机收听网络音乐。上述现象很可能说明,青年人和收入水平较低的人群更看重方便、快捷和对音乐潮流的跟踪;而收入较高、年龄层次较高的人群则更注重音乐的品质和欣赏环境的舒适。这与直观感受发现的青年人更多是"耳机一族"的现象也能够吻合。此外,更多的用户倾向于使用智能手机 App 而不是浏览器(browser)来收听网络音乐,使用 App 的平均占比高达 61%。

值得注意的是,随着互联网技术的更新和新设备的研发,英国用户可选择的智能设备也更加多元化。英国通信管理局自 2012 年起开始关注智能电视的使用,[②] 当年只有 5% 的英国家庭拥有智能电视;而到了 2018 年,42% 的英国家庭已经开始使用智能电视。调查结果还表明,[③] 2018 年上半年有 13% 的英国家庭配有智能音箱,这一比例相对其他电子设备来说还不算很高,但智能音箱的出现对于音频媒体产品的触达方式和用户使用习惯将会产生巨大影响。路透社研究院一项相关调查显示,接受调查的英国用户 2017 年还只有 2% 的人在调查前一周使用过智能音箱,这个比例到了 2019 年已快速增长到 14%。[④]

针对不同年龄群体中智能音箱的占有率调查显示(见图 2-16),16~24 岁、25~34 岁、35~54 岁的英国人中均有 16% 的人群拥有智能音箱。根据德勤对 2019 年智能音箱发展的预测,英国将在 2019 年成为全球第三大智能音箱市

[①] Adults' Media Use and Attitudes Report 2016, OFCOM, https：//www.ofcom.org.uk/__ data/assets/pdf_ file/0026/80828/2016-adults-media-use-and-attitudes.pdf.

[②] Communications Market Report 2018-United Kingdom, OFCOM, https：//www.ofcom.org.uk/__ data/assets/pdf_ file/0022/117256/CMR-2018-narrative-report.pdf.

[③] Communications Market Report 2018-United Kingdom, OFCOM, https：//www.ofcom.org.uk/__ data/assets/pdf_ file/0022/117256/CMR-2018-narrative-report.pdf.

[④] Reuters Institute Digital News Report 2019,路透社研究院 2019 数字新闻报告。

场，仅次于中国和美国。① 该机构 2018 年的调查数据显示，智能音箱在英国成年人、美国成年人和中国城市成年人中的渗透率分别为 12%、19% 和 22%。

图 2-16　英国不同年龄群智能音箱的拥有率

资料来源：Ofcom Technology Tracker，2018 年第一季度。

根据牛津大学路透新闻研究中心（Reuters Institute for the Study of Journalism，University of Oxford）2018 年 12 月发布的调查报告，② 亚马逊和谷歌占据了英国智能音箱市场的绝大部分的份额。受访用户表示智能音箱提高了他们对高科技产品的掌控度，减少了不得不时刻关注屏幕的时间。

图 2-17　英国智能音箱用户最常用与最看重的功能

资料来源：reutersinstitute.

---

① Deloitte：18th edition of Deloitte's Technology, Media & Telecommunications（TMT）Predictions, http://www.deloitte.co.uk/tmtpredictions/predictions/smart-speakers/.

② The Future of Voice and the Implications for News. Reuter Institute for the Study of Journalism, University of Oxford.

图 2-17 显示了英国智能音箱用户最常使用的功能和最受重视的功能对比，播放音乐的能力都排在首位，五分之四（84%）的人使用这一功能，近三分之二（61%）的人说这是他们最看重的功能。除此之外，用户对于通过智能音箱提问答疑、查看天气、设置提醒、收听新闻等功能的实际使用则远远超过他们对这些功能的价值评估，其中，新闻的使用量大约是音乐的一半（46%），但只有 1% 的人说新闻是他们最重要的功能。一系列基于信息的任务，如询问一般问题（64%）和查看天气（58%），比刷新闻使用得更为广泛。

该调查显示，尽管语音技术正在快速增长并被大力推广，但这些设备上的新闻消费目前低于预期，大多数使用集中在非常短的新闻简报上。原因在于许多用户并不知道用智能音箱收听新闻有更广泛的选项，包括如何访问他们最喜欢的媒体品牌。另一些人则对现有的内容不感兴趣，这些内容大多是对电台或纸媒新闻进行有声改编而成。[1] 尽管智能音箱用户的"头脑"并不看重一些设备所提供的功能，但他们的实际使用行为却是用"身体"在投票，智能音箱以其声控便捷、智能互联和未来感十足的高科技特质正在赢得越来越多英国新媒体用户的青睐，是媒体产品设计和分发潜力巨大的媒介之一。

（五）英国新媒体用户的平台偏好

英国新媒体平台众多，用户选择范围很广，竞争激烈。经过多年市场博弈，目前在社交媒体平台方面，优兔与脸书并驾齐驱，成为英国新媒体双雄，用户使用活跃度分别高达 80% 和 78%（见图 2-18）；[2] 而近年来脸书旗下的 Messenger 和在年轻人群中日益流行的 WhatsApp 则飞速进步，用户活跃度已经超过推特和照片墙。根据牛津大学路透新闻研究中心网站发布的统计数字显示，脸书、优兔、推特、WhatsApp 等是目前英国使用最广泛的新媒体平台，也是人们获取新闻资讯的主要渠道。很多被调查者表示，他们会从 WhatsApp 和推特上获取新闻，然后用脸书等发布或求证。

---

[1] Nic Newman, The Future of Voice and the Implications for News, https：//reutersinstitute. politics. ox. ac. uk/sites/default/files/2018－11/Newman20%－20% Future20% of20% Voice20% FINAL＿0. pdf.

[2] We Are Social：2019 Digital Yearbook, https：//wearesocial. com/uk/special-reports/2019-digital-yearbook.

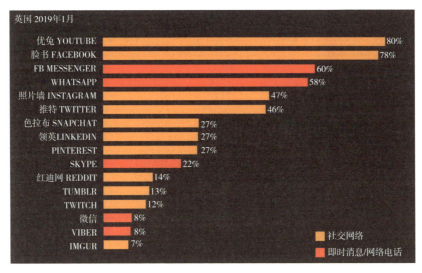

图 2-18　2019 年 1 月英国主要社交媒体平台用户占网民总数的比例
资料来源：We Are Social.

网站方面，根据英国通信管理局发布的 2018 年《通讯市场报告》[①]（见图 2-19），2016 年 3 月至 2018 年 3 月间，英国成年人访问量最高的是谷歌系网站。2018 年 3 月，大约 4190 万英国 18 岁以上成年人访问过包括优兔、谷歌搜索和谷歌地图在内的谷歌系网站，雄踞访问量榜首。脸书系网站（包括照片墙、WhatsApp 等）同期访问量排名第二，触达了 95% 的英国成年互联网用户。BBC 在 2018 年则以 3950 万的用户访问量超越了亚马逊和微软排名第三。

近年来，在美国新媒体公司独占鳌头并占据访问量前十名榜单过半位置的竞争压力下，天空电视台和三一镜报集团（Trinity Mirror Group）等英国本土媒体的网站表现起起落落，唯 BBC 作为英国传媒行业的"一哥"，网站访问量从 2016 年的前五跻身 2018 年的前三。相比于商业化媒体公司的利润最大化，作为公共广播电视媒体的 BBC 追求服务最大化，其在激烈竞争环境下的融合探索对传统媒体在新媒体时代的发展具有重要借鉴意义。

---

① Communications Market Report 2018-United Kingdom, OFCOM, https://www.ofcom.org.uk/__data/assets/pdf_file/0022/117256/CMR-2018-narrative-report.pdf.

每人每月平均花费时间		少于100分钟		100~300分钟		超过300分钟	

| 排名 | 2016 | | 2017 | | 2018 | |
	所属	到达率	所属	到达率	所属	到达率
1	谷歌系网站	98%	谷歌系网站	98$	谷歌系网站	99%
2	脸书	87%	脸书	91$	脸书	95%
3	亚马逊系网站	82%	微软系网站	87	BBC 系网站	93%
4	微软系网站	82%	BBC 系网站	87	亚马逊系网站	89%
5	BBC 系网站	81%	亚马逊系网站	85%	微软系网站	87%
6	雅虎系网站	72%	三一镜报集团	73%	Oath	81%
7	eBay	69%	eBay	71%	天空系网站	73%
8	天空系网站	65%	邮报在线/每日邮报	70%	三一镜报集团	71%
9	三一镜报集团	64%	雅虎系网站	69%	News UK 系网站	71%
10	邮报在线/每日邮报	63%	天空系网站	67%	eBay	69%

图 2-19 英国到达率前十名的网站

资料来源：comScore MMX Muti-Platform, 2016 年 3 月至 2018 年 3 月, UK top ten properties (P)，18 岁以上人口。

英国成年人对于新媒体品牌和平台的忠诚度在不同年龄和阶层的用户中表现各异。

英国通信管理局 2017 年的研究结果发现，五分之二（39%）的受访用户只使用以前用过的网站或 APP，几乎同样比例（38%）的人使用过"可能一两个"以前从未使用过的，另有近四分之一（23%）使用了较多新网站或 APP，后两者之和，即大量和偶尔使用新网站和 APP 的用户占比超过了五分之三。① 图 2-20 对 2017 年英国不同年龄和社会阶层的新媒体用户在网站和 APP 的使用意愿进行了调查分析。以年龄划分来看，16~44 岁年龄段的受访者中平均有 66.7% 的人更倾向于尝试或大量使用以前没有使用过的网站或 APP，其中以 35~44 岁的受访者居多（71%）；而 45 岁以上的受访者中，年龄越大的新媒体用户对于之前使用过的网站或 APP 的忠诚度越高。

以用户阶层划分来看，AB 型（中产阶级以上）家庭的互联网用户比一般人更倾向于使用很多以前从未使用过的网站或 APP（69%），而 DE 型

---

① OFCOM：Adults' Media Use and Attitudes Report, https：//www.ofcom.org.uk/_ _ data/assets/pdf_ file/0011/113222/Adults-Media-Use-and-Attitudes-Report-2018.pdf.

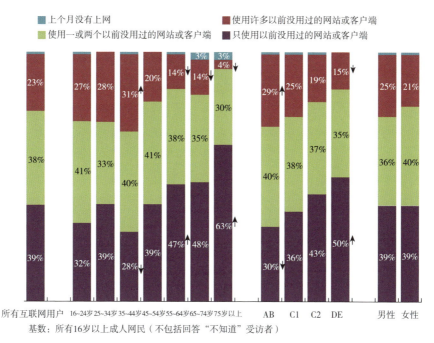

图 2-20　英国新媒体用户网站/APP 使用意愿调查

资料来源：Ofcom Adults' Media Literacy Tracker 2017.

（工薪和无业家庭）的互联网用户中，尝试从未使用过的网站或 APP 的人占到一半。由此可见，英国 16~44 岁年龄段以及中产阶级以上背景的互联网用户对于未接触过的网站或 APP 报以更大的开放度，这很可能归结于这部分用户具有更开阔的视野、更高的教育水平和消费能力，对于新鲜事物的整体接受能力较高。

四　英国新媒体用户偏好研究结论

年轻人口推动了数字媒体的消费，其中年龄段在 25~44 岁的用户群体和中等收入以上的阶层（ABC1）是英国新媒体用户的主力，这部分人群被普遍认为是媒介消费的精英群体，他们受教育程度高，对于新鲜事物的接受意愿和能力均高于普通人群，并且对新媒体设备和新媒体产品有更大购买力。英国的新媒体用户对于互联网技术和新媒体的接受和应用在世界范围内处于较高水平。越来越多的媒体消费发生在数字媒体上，与传统媒体相比，人们花在数字媒体上的时间越来越多。如今，91%的英国人拥有接入互联网的基本技能，这些技能与读写和计算能力一起被认为是英国教育的重要组成部分。[①]

英国成年人获取信息的移动化与社交网络化趋势明显，上网已经成了很多人的强需求。移动网络和公共局域网的高覆盖率以及智能手机的普遍应用使得移动上网成为更多用户的选项。随着越来越多的人将手机作为主要的上网设备，对网络视频、音频流媒体和社交媒体产品日益表现出高需求和高依懒性。媒体行业应该致力于提供便捷性和高品质兼具的产品和服务，以及安全舒适的使用体验。

英国是新媒体和信息产业比较发达的国家之一，但巨头玩家大部分是以谷歌、脸书为代表的美国公司，其网站和APP的受欢迎程度都超过本土媒体品牌。但英国的消费传统也给了本国老牌媒体新的机遇，从而使BBC能够与美国新媒体公司一决高下。英国大多数本土媒体以某种形式参与社交媒体并将其作为营销组合中的重要一环，主流新媒体用户对于新兴的媒体平台和APP怀有较高程度的开放心态和接受度。不断扩大的消费将有力拉动需求，行业的发展也将给用户提供更多的选择。其他国际媒体也将有机会参与到更加多元、优胜劣汰的新媒体产品的供给与需求的互动中。

英国新媒体产品对脸书、推特、优兔等全球性网络平台的依赖度很高，经过一段时间的发展，这些平台已经在某种意义上成为"传统媒体"；同时，以BBC为代表的老牌媒体也能够利用资源优势提供精良的新媒体产品，用户对其品牌认同度更高。未来传统媒体与新媒体的界限将更加模糊，融合趋势将日益明显，媒体的品牌属性将超越其平台属性，新媒体行业终将走向质量为王的正轨。

第二节 英国新媒体行业发展分析

一 英国新媒体行业概况

目前英国使用最广泛的新媒体平台是美国社交媒体网站脸书、美国视

---

① Doteveryone：The 2018 Digital Attitudes Report，https：//attitudes. doteveryone. org. uk/files/People20% Power20% and20% Technology20% Doteveryone20% Digital20% Attitudes20% Report20% 2018. pdf，p. 13.

频分享网站优兔、美国社交与微博客服务推特、美国即时通信软件WhatsApp等，英国的传统媒体（报纸、广播和电视）在互联网时代纷纷通过媒介融合借助新媒体平台转型，继续为人们提供新闻资讯和娱乐服务。

（一）数字广播电视技术的推广

英国 2007 年开始普及数字电视交换机，2012 年 10 月关闭了最后一批模拟信号，完成数字化；[①] 数字电视入户率从 2007 年的 81% 上升到 2018 年的 95%。2012 年全球流媒体巨头网飞公司在英国推出服务，2014 年亚马逊Prime Video 进入英国，英国家庭订阅点播视频的比例随之从 2014 年的 14% 上升到 2018 年的 39%。[②]

同期，广播行业也经历了数字化的变革。图 2-21 表明，2007 年模拟广播的家庭普及率高达 90%，虽然到 2018 年仍有 70% 的家庭收听调频 FM 或调幅 AM 广播，但是数字广播的入户率已经与之不相上下，从 2007 年的20% 上升到 2018 年的 64%。[③] 此外，数字音频广播 DAB 和智能音箱的出现让广播和音频收听变得越来越简单化，英国提供数字音频广播服务的全国性和地方性电台的总数从 2017 年 5 月的 435 家增加到 2018 年 3 月的 453家，[④] 2018 年有 13% 的英国家庭成为智能音箱的用户。[⑤] 特别需要指出的是，尽管传统广播也像传统电视一样受到数字化新媒体发展的冲击，但新媒体用户对音频类产品（特别是音乐类产品）表现出较大的依赖性，这打破了人们认为音频产品受众群体在萎缩的印象。英国通信管理局 2018 年调查显示，数字新媒体的发展给广播节目等音频产品提供了广阔的延伸舞台。2018 年一季度，超过一半的广播收听是通过数字平台进行的，其中大部分是在 DAB 数字式广播上进行的（占所有电台收听节目的 37%），其余的通

---

① International Communications Market Report 2015, p. 31, https：//www. ofcom. org. uk/_ _ data/assets/pdf_ file/0020/31268/icmr_ 2015. pdf.

② Communications Market Report 2018, p. 25, https：//www. ofcom. org. uk/_ _ data/assets/pdf_ file/0022/117256/CMR-2018-narrative-report. pdf.

③ Communications Market Report 2018, p. 25, https：//www. ofcom. org. uk/_ _ data/assets/pdf_ file/0022/117256/CMR-2018-narrative-report. pdf.

④ Media Nations 2018：UK, p. 6, https：//www. ofcom. org. uk/_ _ data/assets/pdf_ file/0014/116006/media-nations-2018-uk. pdf.

⑤ Communications Market Report 2018, p. 25, https：//www. ofcom. org. uk/_ _ data/assets/pdf_ file/0022/117256/CMR-2018-narrative-report. pdf.

过互联网（9%）和数字电视（5%）。^① 2012 年至 2017 年英国人收听数字广播占全部收听的百分比在逐年上升。^② 在 2018 年一季度，通过 DAB 和互联网等数字平台收听广播的时长占全部收听的 50.9%，首次超过了传统广播的收听时长。^③ 到 2019 年第一季度，英国人通过数字平台收听广播在全部广播收听中所占份额进一步上升到 56%。^④

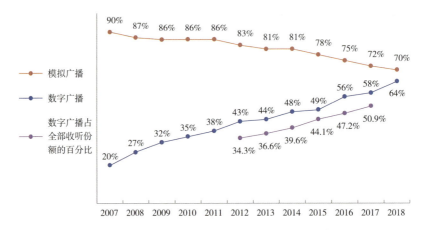

图 2-21　2007～2018 年英国模拟广播和数字广播的入户率变化及
2012～2017 年数字广播所占全部收听份额的变化

资料来源：英国通信管理局发布的《2018 通信市场报告》。

播客（podcast）的收听也在不断增长，2017 年有四分之一的英国人收听过播客节目。英国人收听播客最常用的来源有：BBC 和新闻报纸的网站或 APP、优兔、iTunes，以及其他流媒体服务商如声田。BBC 是全球播客产品的主要内容提供者之一，2017 年 BBC 播客产品的下载量达到 2.4 亿次。^⑤

① Communications Market Report 2018, p.39, https://www.ofcom.org.uk/__data/assets/pdf_file/0022/117256/CMR-2018-narrative-report.pdf.
② Communications Market Report 2018, p.40, https://www.ofcom.org.uk/__data/assets/pdf_file/0022/117256/CMR-2018-narrative-report.pdf.
③ Communications Market Report 2018, p.6, https://www.ofcom.org.uk/__data/assets/pdf_file/0022/117256/CMR-2018-narrative-report.pdf.
④ Communications Market Report 2019, p.6, https://www.ofcom.org.uk/__data/assets/pdf_file/0028/155278/communications-market-report-2019.pdf.
⑤ Communications Market Report 2018, p.44, https://www.ofcom.org.uk/__data/assets/pdf_file/0022/117256/CMR-2018-narrative-report.pdf.

根据英国广播受众调查研究机构 RAJAR（Radio Joint Audience Research Limited）的调查数据，英国成年人每周收听播客节目的人数从 2013 年的 320 万（占当年成年人口的 7%）上升到 2018 年的 590 万（占当年成年人口的 11%），① 其中 62% 的用户是男性。② 虽然各个年龄段的收听人数都有增长，但 2017 年增长最快的还是 15 岁到 34 岁的听众。③ RAJAR 的调查数据显示，2018 年一季度，每周收听播客的用户有 96% 的人也每周收听广播，尽管受众高度重合，但是每周收听广播节目的用户只有不到三分之一（29%）在 35 岁以下，每周在线收听的用户有 41% 是在 35 岁以下，而每周收听播客节目的用户中有 49% 是在 15 岁到 34 岁。④

根据社交媒体咨询机构 We Are Social 发布的 2019 英国数字媒体报告，在对 16 岁至 64 岁英国互联网用户的调查中发现，2019 年 1 月英国互联网用户达到 6343 万，在此前 12 个月里新增互联网用户仅占总人口（6677 万）的 0.6%，⑤ 互联网渗透率已接近饱和达总人口的 95%。⑥ 报告显示，英国人平均每天使用各种设备上网的时长是 5 小时 46 分钟，⑦ 而上一年同期是 5 小时 51 分钟，同比减少了 5 分钟。⑧

该报告进一步显示，英国活跃社交媒体用户达到 4500 万，占总人口的 67%，比上一年增加了一个百分点，其中有 3900 万通过移动设备登陆，占总人口的 58%。⑨ 有 96% 的互联网用户在一个月访问了社交媒体平台或使用了信息服务；77% 的互联网用户在社交媒体上有积极互动或发布了内容；平均每位

① Communications Market Report 2018，p. 45，https：//www. ofcom. org. uk/＿＿data/assets/pdf＿file/0022/117256/CMR-2018-narrative-report. pdf.

② Communications Market Report 2018，p. 46，https：//www. ofcom. org. uk/＿＿data/assets/pdf＿file/0022/117256/CMR-2018-narrative-report. pdf.

③ Communications Market Report 2018，p. 45，https：//www. ofcom. org. uk/＿＿data/assets/pdf＿file/0022/117256/CMR-2018-narrative-report. pdf.

④ Communications Market Report 2018，p. 46，https：//www. ofcom. org. uk/＿＿data/assets/pdf＿file/0022/117256/CMR-2018-narrative-report. pdf.

⑤ https：//wearesocial. com/uk/blog/2019/03/digital-in-the-uk-data-and-learnings-for-2019.

⑥ Digital 2019：The United Kingdom，We Are Social，p. 15，https：//wearesocial. com/uk/digital-in-the-uk.

⑦ Digital 2019：The United Kingdom，We Are Social，p. 19，https：//wearesocial. com/uk/digital-in-the-uk.

⑧ https：//wearesocial. com/uk/blog/2019/03/digital-in-the-uk-data-and-learnings-for-2019.

⑨ https：//wearesocial. com/uk/blog/2019/03/digital-in-the-uk-data-and-learnings-for-2019.

互联网用户有 7.1 个社交媒体账号，人均每天使用社交媒体的时间为 1 小时 50 分钟，[1] 而全球互联网用户人均每天使用社交媒体的时间是 2 小时 16 分钟。[2]

英国通信管理局发布的《2018 通信市场报告》表明，2018 年，英国有超过四分之三（77%）的互联网用户在社交媒体平台或社交通讯网站或应用上有注册账号。英国人访问量最大的社交媒体平台是脸书，触达了 4100 万 13 岁以上的英国互联网用户，占全部活跃社交媒体用户的 90% 以上；然而，35 岁以下年龄段的脸书用户数量呈下降趋势，2018 年 3 月，18 岁到 24 岁的英国脸书用户比上一年同期下降了 4%，由 560 万变为 540 万；同期 54 岁以上的英国脸书用户则增长了 24%，由 920 万变为 1140 万。色拉布和照片墙的互联网用户都在增多，2018 年 3 月，访问色拉布和照片墙的英国用户分别为 2270 万和 2310 万。虽然色拉布的用户量稍逊，但其增长速度远超过照片墙。照片墙的访问量比上一年同期增长了 22%，色拉布的访问量则比上一年增长了 122%，这主要是由 25 岁以上用户的增加所带动的。2017 年 10 月，英国使用色拉布的 25 岁到 34 岁的用户首次超过了 18 岁到 24 岁的互联网用户。[3]

（二）智能设备的普及

智能设备的普及对英国新媒体行业的发展有不容忽视的影响。2007 年年初苹果公司发布了第一代 iPhone 智能手机并于 6 月正式发售，标志着智能手机时代的到来。到 2018 年年初，智能手机已经成为英国最受欢迎的网络连接设备，78% 的 18 岁以上英国人达到人手一部手机，46% 的英国人认为手机是他们不可或缺的设备，英国人有 62% 的上网时间都花在手机上。手机用户平均每个月消费的数据流量已经从 2011 年 3 月的 0.11GB 大幅上升为 2016 年 6 月的 1.3GB 和 2017 年 6 月的 1.9GB。[4]

---

[1] Digital 2019：The United Kingdom，We Are Social，p. 32，https：//wearesocial. com/uk/ digital-in-the-uk.

[2] Digital 2019：The United Kingdom，We Are Social，p. 32，https：//wearesocial. com/uk/ digital-in-the-uk.

[3] Communications Market Report 2018，p. 73，https：//www. ofcom. org. uk/_ _ data/assets/pdf_ file/0022/117256/CMR-2018-narrative-report. pdf.

[4] Communications Market Report 2018，p. 21，https：//www. ofcom. org. uk/_ _ data/assets/pdf_ file/0022/117256/CMR-2018-narrative-report. pdf.

同样在 2007 年，BBC 推出了 iPlayer 的网络播客服务，支持用户在线点播过去七天里的电台、电视台节目，标志着英国广播电视流媒体和点播服务的开端。根据 We Are Social 发布的报告，2019 年 1 月英国人平均每天观看电视（包括直播电视节目、流媒体视频和点播视频）的时长是 3 小时 42 分钟。① 英国公共广播电视机构要和网飞、亚马逊、Prime Video、优兔等互联网流媒体平台来争夺点播视频的订阅用户。

互联网电视在英国成为主流，有一半以上的家庭中电视机已联网，有 58% 的英国家庭拥有平板电脑，44% 的英国成年人有游戏机。2012 年仅有 5% 的英国家庭有智能电视，到 2017 年智能电视的入户率已经上升到 42%。② 据 Statista 统计，2019 年英国有 9.8% 的用户使用了可穿戴设备，这一比例预计将在 2023 年上升为 10.4%。③

（三）4G 网络覆盖率的提升及 5G 网络布局

全球宽带网络速度测试网站 Speedtest.net 发布的数据显示，2019 年 4 月全球固定宽带网络的平均下载速度为 58.66Mbps（约合每秒 7.3MB），移动端的平均下载速度为 26.96Mbps（约合每秒 6.7MB）。同月英国固定宽带网络的平均下载速度为 60.39Mbps（约合每秒 7.5MB），在全球各国排名中位列第 41 位，相较于 3 月下降两位。同月英国的移动端平均下载速度为 30.68Mbps（约合每秒 3.8MB），在全球各国排名中列第 49 位，相较于 3 月上升一位。④

根据英国通信管理局 2018 年 12 月 18 日发布的报告，2018 年英国有 94% 的用户驻地（包括家庭住所和经营场所）已连接到固网超快宽带（superfast broadband），⑤ 大约一半的英国家庭订阅了超快宽带，下载速度达到每秒 30Mbit 以上。同时英国有 50% 的用户驻地可以享受下载速度达到每秒 300Mbit

---

① Digital 2019: The United Kingdom, We Are Social, p. 19, https://wearesocial.com/uk/digital-in-the-uk.

② Communications Market Report 2018, p. 5, https://www.ofcom.org.uk/_ _data/assets/pdf_file/0022/117256/CMR-2018-narrative-report.pdf.

③ https://www.statista.com/outlook/319/156/wearables/united-kingdom.

④ https://www.speedtest.net/global-index.

⑤ Ofcom: Connected Nations 2018 UK Report, p. 2, https://www.ofcom.org.uk/_ _data/assets/pdf_file/0020/130736/Connected-Nations-2018-main-report.pdf.

以上的超速宽带（ultrafast broadband）服务，2017 年这一比例是 36%。[①]

移动网络方面，目前英国四大全国性移动网络运营商都提供 4G 网络，报告显示，英国有 91% 的大陆面积可以接入至少一家运营商的 4G 手机网络，有 66% 的大陆面积为全部四家运营商的 4G 手机网络覆盖。4G 网络覆盖不到的国土面积从 2017 年的 20% 下降到 2018 年的 9%。[②]

随着超快宽带和 4G 网络覆盖率以及用户接受程度的提高，数据上传和下载流量也大幅增加。2011 年 3 月时英国平均每条家庭固网宽带所消费的流量是 17GB，2016 年 6 月达到 132GB，2017 年 6 月达到 190GB，观看网络视频是固网宽带消费流量大幅增加的主要原因。

英国 4 家主要移动网络运营商均表示要在 2019 年启用 5G 网络。英国政府 2016 年就开始了对 5G 网络的布局，在当年的秋季财政报告（2016 Autumn Statement）里宣布，将从国家生产力投资基金新增资金中拿出一部分，专门用于 5G 测试平台和相关试用项目。

2017 年 3 月，英国文化、媒体和体育部（Department for Culture Media & Sport）发布了《下一代移动技术：英国的 5G 战略》，提出了要在全球 5G 技术的发展中占据领先地位的目标及实现该目标的相关步骤。此后，政府在 2017 年的秋季财政报告（2017 Autumn Statement）里提出，将提供 500 万英镑的启动资金用于 5G 测试平台和试用项目初步阶段的测试，从而自 2018 年可以在道路环境中进行 5G 网络的测试。[③] 2017 年 12 月，英国政府发布了 5G 战略报告的更新版。2018 年 7 月，英国政府在《未来电信基础设施评估》报告里提出，今后十年，要使全光网络覆盖至少 1000 万个用户驻地，到 2025 年时覆盖 1500 万个用户驻地，到 2033 年实现全国范围内的全光网络覆盖。全光网络的建设将是 5G 网络覆盖的有力支撑。英国政府设立的目标是，到 2027 年让 5G 网络覆盖全国绝大多数地区，使消费者和商家都能

---

① Ofcom：Connected Nations 2018 UK Report, p. 4, https：//www. ofcom. org. uk/_ _ data/ assets/pdf_ file/0020/130736/Connected-Nations-2018-main-report. pdf.

② Ofcom：Connected Nations 2018 UK Report, p. 2, https：//www. ofcom. org. uk/_ _ data/ assets/pdf_ file/0020/130736/Connected-Nations-2018-main-report. pdf.

③ Next Generation Mobile Technologies：An update to the 5G strategy for the UK, pp. 14 - 15, https：//assets. publishing. service. gov. uk/government/uploads/system/uploads/attachment_ data/ file/677598/Next_ Generation_ Mobile_ Technologies_ _ An_ Update_ to_ the_ 5G_ Strategy_ for_ the_ UK_ Final_ Version_ with_ Citation. pdf.

从中受益。① 5G 网络有望在初始阶段就达到超过 1Gb/s（1000Mbit/s）的速度，最终实现 10Gb/s（10000Mbit/s）的速度，这比标准的 4G 网络快 100倍，比高级的 4G 网络如 LTE-A 快 30 倍。②

5G 网络将对媒体环境带来巨大改变。表 2-2 显示了使用 3G、4G 和 5G 网络下载一部高清电影所需时长的变化。

表 2-2　使用 3G、4G 和 5G 网络下载高清电影时长的差别

网络类型	最大网速	下载一部高清电影耗时
3G	384Kbps	一天以上
4G	100Mbps	7 分钟以上
4G+	300Mbps	2.5 分钟
5G	1~10Gbps（理论上）	4~40 秒

资料来源：https://5g.co.uk/guides/what-is-5g/.

（四）移动广告投放的增长

自 2011 年以来，互联网已经成为英国最大的广告投放渠道。人们在台式机、笔记本电脑、手机、平板电脑和其他互联网连接设备上以数字格式投放的图片、文字、音视频等各种类型的广告被称为数字广告，其中在手机等移动设备和移动平台上投放的各类广告被称为移动广告。图 2-22 显示了 2011 年到 2018 年英国数字广告和移动广告的投放逐年攀升。③

英国通信管理局 2018 年 8 月 2 日发布的《2018 通信市场报告》表明，2018 年一季度英国的互联网人口占全国人口的 90%，广告商们也紧紧抓住互联网带来的商机进行投放。2017 年英国数字广告投放占广告投放总量的 52%，达到 116 亿英镑，扣除物价上涨因素同比增长 11.3%；这一增长主要是移动广告带来的，2017 年移动广告投放达到 52.01 亿英镑，占数字广告

---

① Future Telecoms Infrastructure Review, p. 1, https://assets.publishing.service.gov.uk/government/uploads/system/uploads/attachment_data/file/73249。6/Future_Telecoms_Infrastructure_Review.pdf.

② https：//5g.co.uk/guides/what-is-5g/.

③ Communications Market Report 2018, p. 66, https：//www.ofcom.org.uk/__data/assets/pdf_file/0022/117256/CMR-2018-narrative-report.pdf.

图 2-22 2011~2018 年英国数字广告投放和移动广告投放变化
资料来源：英国通信管理局发布的《2018 通信市场报告》。

投放的 45%，比上一年增长了 34%。[①]

2019 年 4 月 24 日英国互动广告局（IAB）与普华永道（PwC）发布的《英国数字广告投放研究报告》显示，2018 年英国广告商投放的数字广告总额达 134.4 亿英镑（约合人民币 1166.48 亿元），比上一年增长了 15%。[②] 市场研究机构 eMarketer2019 年 2 月发布的预测显示，英国 2019 年数字广告投放将达到 147.3 亿英镑（约合 1293.9 亿人民币），年增幅有望超过 11%，约占 2019 年英国媒体广告投放的三分之二。预计到 2023 年，英国数字广告投放将突破 200 亿英镑，与前一年相比增幅超过 8%，约占当年英国媒体广告投放的四分之三。[③]（见图 2-23）。

值得注意的是，2018 年英国广告商在智能手机上的广告投放首次超过电脑端广告投放，占全年数字广告总投放的 51%，高于 2017 年的 45%，比上一年增加了 16.5 亿英镑。[④] 英国互动广告局首席数字官蒂姆·埃尔金顿（Tim Elkington）在评论这一变化时说："这是一个重大的里程碑。过去 10 年，我们一直在对这些数据进行跟踪。数据显示，2009 年移动广告投放为

① Communications Market Report 2018, p. 65, https：//www. ofcom. org. uk/_ _ data/assets/pdf_ file/0022/117256/CMR-2018-narrative-report. pdf.

② https：//www. iabuk. com/news-article/smartphone-accounts-more-half-digital-ad-spend.

③ http：//www. 199it. com/archives/767163. html.

④ https：//www. iabuk. com/news-article/smartphone-accounts-more-half-digital-ad-spend.

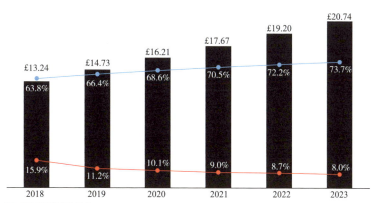

图 2-23　英国 2018~2023 年数字广告投放（单位：10 亿英镑）、
年增长百分比和占媒体广告投放百分比

资料来源：2019 年 2 月，eMarketer。

3800 万英镑（约合人民币 3.299 亿元），2018 年增长到 68.8 亿英镑（约合人民币 597.333 亿元），增速之快令人震惊。"①

英国数字广告和移动广告投放快速增长的趋势与英国消费者上网行为日趋移动化密切相关。英国在线测量公司 UKOM 在 2019 年 3 月发布的消费者行为数据显示，英国 18 岁以上成年人的上网时间中近三分之二花费在手机上网上。② 视频是英国移动广告的主要类型，占 2018 年移动广告投放总额的 44%，横幅广告占 28%，原生广告③占 23%，是第二和第三受欢迎的移动广告类型（见图 2-24）。④

"从根本上说，消费者的设备使用趋势正在推动移动广告投放增长。"⑤互联网营销和技术咨询机构 Digitas 的英国、欧洲、中东和非洲地区媒体运

---

① https://www.iabuk.com/news-article/smartphone-accounts-more-half-digital-ad-spend.
② UK Digital Market Overview-March 2019，p.5，https://ukom.uk.net/uploads/files/news/ukom/139/UKOM_ Digital_ Marketing_ Overview_ March_ 2019_ final.pdf.
③ "原生广告"的概念于 2012 年底被提出，是一种具有发布平台所特有的内容产品特点的广告形式，如 Google 搜索广告，脸书的付费推介贴等，可以通俗地理解为新媒体平台如网站、客户端、社交媒体上的软广告。
④ https://www.amz123.com/thread-283334.html.
⑤ http://www.199it.com/archives/767163.html.

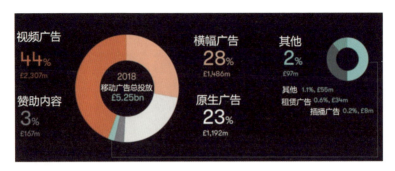

图 2-24　2018 年英国移动广告不同内容类型所占总投放百分比

资料来源：互动广告局与普华永道，2019 年 4 月 24 日，《英国数字广告投放研究报告》。

营总监安德鲁·梅森（Andrew Mason）分析了英国移动广告投入的增长原因。英国广告商在互联网和移动互联平台的广告投放额在 2011 年到 2018 年间发生了明显的变化。智能手机广告投放占广告投放总额的比例保持上升趋势（见图 2-25）。[①] 视手机为最重要互联网连接设备的用户占比从 2013 年的 15% 迅速上升到 2018 年的 48%，这对新媒体行业的战略决策、内容生产和运营管理都产生着巨大的影响。

图 2-25　2011~2018 年英国广告投放中各平台投放占比

资料来源：英国通信管理局《2018 通信市场报告》。

---

① Communications Market Report 2018，p. 66，https：//www.ofcom.org.uk/_ _ data/assets/pdf_ file/0022/117256/CMR-2018-narrative-report.pdf.

二　广电媒体的新媒体实践分析：以 BBC 为例

BBC 推出网络业务的时间比 CNN 晚了两年多，1997 年 11 月才上线 BBC Online；虽然起步略晚，BBC 通过有效举措成为传统媒体向新媒体转型的典范。BBC 年报显示，2018 年世界各地每周有 3.76 亿用户通过电视、广播、网络和移动端观看和收听 BBC 包括英语在内的 40 多种语言的节目；[①] 2019 年增长到 4.26 亿。[②]

BBC 的网络传播内容丰富，BBC Online 的在线产品兼顾了台式电脑、互联网电视、手机和平板电脑等各个平台，内容广泛涉及新闻、体育、天气、少儿和儿童频道的服务、互联网电视和广播服务，以及 BBC iPlayer 上的直播和点播节目。2017 年到 2018 年度，74% 的 15 岁以上英国人每个月都使用 BBC Online，这一比例在 15～34 岁的人口中占 82%，在 35～54 岁的人口中达 84%，在 55 岁以上的人口中占 57%。[③] BBC 的新媒体实践主要是从以下方面发力。

（一）紧抓数字业务

BBC 的重点新媒体业务有基于 Red Button 和 Red Button＋ 的互动电视业务、基于 BBC Online 的网站业务和基于 iPlayer 的跨屏融合业务。[④] BBC 2018/2019 年度报告显示，该财年（截至 2019 年 3 月 31 日）BBC 的总收入为 48.89 亿英镑，其中用户执照费收入为 36.90 亿英镑，占总收入的 75.5%；而其他商业收入为 11.99 亿英镑。[⑤] 在 2018/2019 财年，BBC 用户执照费收入中用于电视、广播和互联网（BBC Online）的内容支出分别从上个财年的 15.79 亿英镑、4.8 亿英镑和 1.82 亿英镑增长为本财年的 16.99 亿

① BBC Annual Report and Accounts 2017/18, p. 11, https：//assets. publishing. service. gov. uk/ government/uploads/system/uploads/attachment_ data/file/724568/bbc_ annualreport_ 201718. pdf.

② BBC：BBC Group Annual Report and Accounts 2018/19, p. 50.

③ BBC Annual Report and Accounts 2017/18, p. 41, https：//assets. publishing. service. gov. uk/ government/uploads/system/uploads/attachment_ data/file/724568/bbc_ annualreport_ 201718. pdf.

④ 周艳、龙思薇：《英国广播公司数字新媒体战略的现在和未来》，《媒介》2013 年 4 月号。

⑤ BBC：BBC Group Annual Report and Accounts 2018/19, p. 91, http：//downloads. bbc. co. uk/ aboutthebbc/reports/annualreport/2018-19. pdf.

英镑（增长了 7.6%）、5.04 亿英镑（增长了 5%）和 2.14 亿英镑（增长了
17.6%）。① 从资金投入比重看，对新媒体业务的投入逐年增长（见表 2-3），
互联网业务已经从 2011 年占总支出的 6.05% 上升到占 2018 年的 9.73%。

表 2-3　2011 年到 2018 年各财务年度 BBC 电视、广播、
互联网三大板块的支出情况

单位：亿英镑

业务	2018 年	2017 年	2016 年	2015 年	2014 年	2013 年	2012 年	2011 年
电视	20.376	21.864	22.012	23.664	22.757	24.715	23.349	23.754
广播	6.556	6.397	6.421	6.524	6.496	6.695	6.401	6.389
互联网	2.903	2.856	2.380	2.009	1.744	1.766	1.868	1.942
总支出	29.835	31.117	30.813	32.197	30.997	33.176	31.618	32.085

资料来源：BBC 年度报告（2011~2018 年）。

BBC 在新媒体领域的大力投入要归功于其内部长久坚持的数字优先战
略。早在 2007 年 11 月，BBC 官方网站就区分为针对英国国内市场和国际市
场的两个版本，其中面向国际市场的 BBC.com 进行商业运营，可以刊登广
告，由集团中主营全球版权业务的商业分支 BBC 环球公司负责运营。BBC
环球公司一直将该网站作为其数字业务的龙头，在技术设备、销售能力和
内容等领域进行了大量投资。

BBC 较早就把视频点播业务放在重要地位。2007 年 12 月，针对增长迅
速的内容点播需求，BBC 在英国国内推出了免费的网上视频点播平台 BBC
iPlayer。该平台在英国取得巨大成功，目前已成为业内的标准之一。2011
年 7 月，BBC 环球公司在 11 个西欧国家、加拿大和澳大利亚等全球 16 个国
家试行推广其面向海外的收费版客户端 BBC iPlayer，向用户提供大约 2000
个小时的 BBC 和英国当代以及经典电视节目。该产品一经推出，立即成为
2011~2012 年 BBC 环球公司最受欢迎的三大移动客户端之一。②

2011 年，BBC 环球公司在制定其未来五年发展战略时，将发展数字业

---

① BBC Group Annual Report and Accounts 2018/19, p. 61, http://downloads.bbc.co.uk/
　aboutthebbc/reports/annualreport/2018-19.pdf.
② 王菊芳：《BBC 之道：BBC 的价值观与全球化战略》，生活・读书・新知三联书店，2013 年
　8 月，第 293 页。

务列为几项战略目标之首，并设定了"使数字业务的收入超过总收入的15%"的目标。BBC 环球公司不仅将数字平台视为推广其产品和吸引年轻受众的一种手段，而且将开发数字产品视为内容建设的一个重要方面，为此，在 2011 年 10 月将旗下一直在赢利、也是其最早开发的杂志业务打包出售，以"更加专注于视频和数字业务"。①

在这样的战略指导下，BBC 新媒体实践方面表现不俗。根据 BBC 年度报告，2018/2019 年度 bbc. com 网站的月平均独立用户达到 9300 万，比上一年度的 8800 万上升了 6%。因为网民开始从台式电脑转向移动平台，bbc. com 的月平均页面浏览量有所下降，从上年度的 13 亿下降到 12 亿；但是随着开展全球跨平台内容合作，2018/2019 财年 bbc. com 的内容通过苹果公司的新闻服务 Apple News、微软公司的门户网站 MSN 和脸书即时文汇（Facebook Instant Articles）等平台，每个月触达超过 2200 万用户。此外，优兔平台上 2018/2019 财年 BBC News 视频频道的订阅用户突破 400 万，该频道自 2013 年开播以来的视频总播放量超过 10 亿次。②

（二）抓住年轻人的需求

英国通信管理局评估显示，四分之三的英国成年人对 BBC 在线和广播节目表示满意，有超过三分之二对 BBC 的电视节目表示满意；③ 但是 BBC 正逐渐流失 16 岁至 34 岁的年轻用户，这个群体人均每日收看 BBC 节目的时长是 1 小时 19 分钟，④ 而英国成年人中 90% 的人每天收看 BBC 节目的时间为 2 小时 45 分钟。⑤ 英国通信管理局为 BBC 提出四个努力方向：必须更透明和更负责；提供更具创意的英国原创节目；积极吸引年轻人收视；呈

---

① 王菊芳：《BBC 之道：BBC 的价值观与全球化战略》，生活·读书·新知三联书店，2013 年 8 月，第 289~291 页。

② BBC Group Annual Report and Accounts 2018/19, p. 73, http：//downloads. bbc. co. uk/ aboutthebbc/reports/annualreport/2018-19. pdf.

③ Ofcom's annual report on the BBC 2018, p. 8, https：//www. ofcom. org. uk/_ _ data/assets/ pdf_ file/0015/124422/BBC-annual-report. pdf.

④ Ofcom's annual report on the BBC 2018, p. 51, https：//www. ofcom. org. uk/_ _ data/assets/ pdf_ file/0015/124422/BBC-annual-report. pdf.

⑤ Ofcom's annual report on the BBC 2018, p. 4, https：//www. ofcom. org. uk/_ _ data/assets/ pdf_ file/0015/124422/BBC-annual-report. pdf.

现英国社会多元样貌。[①]

　　BBC 在 2019/2020 财年的年度计划中也指出，超过三分之一的英国家庭订阅了网飞的视频点播服务，16 岁到 34 岁的英国人每周观看网飞视频的时长与每周观看 BBC 电视的时长基本持平，都是大约 2 小时 30 分钟。音频服务也呈现类似特点，16 岁到 34 岁的英国人每周通过声田收听音频的时长与每周收听 BBC 广播的时长基本都是 4 小时 15 分钟。[②] 早在 2014 年 3 月，为了适应网络时代的变化和 16 岁到 34 岁受众的媒体消费习惯，BBC 信托委员会宣布将关闭电视三台，只保留其网络服务。尽管有近 30 万人在网上签名抗议请愿，BBC 不改初衷，自 2016 年 2 月起正式停止了电视三台在免费、卫星或有线电视中播放，只在网上继续播出。这也使得 BBC 电视三台成为全世界第一个完全网络播出的电视频道。

　　在关闭电视三台电视播出的同时，BBC 发布了一系列针对青少年受众的网络优化内容，例如以年轻人为主要服务对象的 The Daily Drop，提供他们感兴趣的短视频、博客、社交媒体、图片、流行故事和每日更新的体育新闻消息等内容。专门发布儿童游戏的客户端——游戏时间（CBeebies Playtime）于 2013 年推出，并于 2016 年更新为 CBeebies Playtime Island。[③] 2014 年 BBC 推出了少儿频道（CBBC）的互动网剧 Dixi 和专门发布儿童故事的故事时间 CBeebies Storytime 客户端，并于 2016 年 4 月 12 日推出了实现安全点播的 iPlayer Kids 客户端。

　　在 2019/2020 财年的年度计划中，BBC 进一步强调打造吸引更年轻受众的内容，包括在电视一台和电视二台推出更适合年轻人的节目；增加投资给向年轻人倾斜的节目，如在电视三台新开设一个"娱乐我"的版块，从三月起在电视一台每晚 10 点 35 分打造年轻人专属时段，并在 iPlayer 主页上开出电视三台的专区。[④]

　　BBC 计划重点在 BBC iPlayer 在线点播服务和 BBC Sounds 手机应用上推

①　https：//rnd. pts. org. tw/Home/Article/FL20181030165336.

②　BBC annual plan 2019/20，p. 5，http：//downloads. bbc. co. uk/aboutthebbc/reports/annualplan/annualplan_ 2019-20. pdf.

③　https：//www. bbc. co. uk/mediacentre/latestnews/2016/cbeebies-playtime-island-app-launches-designed-by-kids-for-kids.

④　BBC annual plan 2019/20，p. 7，http：//downloads. bbc. co. uk/aboutthebbc/reports/annualplan/annualplan_ 2019-20. pdf.

出年轻化、个性化服务。① BBC Sounds 于 2018 年 6 月推出，头几个月内有大约 180 万次的下载量，平均每周有超过 100 万名听众。② BBC Sounds 的目标是 2019 年成为收听 BBC 所有音频产品（音乐、播客和广播）的最佳平台，为此，重点将放在加速推出能带来新用户的新型节目形式和系列播客节目上，包括发布更多受众愿意点播的调查性、故事性和趣味性播客。同时，在受众反馈的基础上不断改进用户体验，继续为 BBC Sounds 添加功能，比如睡眠提醒和社交分享，以更好满足受众个性化的收听需求。

（三）坚持内容至上

2019 年 3 月，BBC 总裁托尼·霍尔（Tony Hall）在媒体与通讯大会上的发言中指出，"我们的战略必须要把优质的内容放在第一位，没有好内容，其他的一切都不重要。"③

重视内容是 BBC 的传统。BBC 曾在 2010 年 12 月出台《质量优先》战略文件，提出的四大目标之一便是提升内容的独特性和质量，并在此基础上确定了五个优先发展的内容领域：提供世界上"最优秀的新闻"，优秀的儿童节目，高水平的原创电视剧和喜剧，新知、音乐和艺术，能团结英国民众的大型活动。④ 其在 2015/2016 年报中进一步提出把精力和创意投向以下六个旗舰领域：打造 BBC 新闻平台，提供受信任的、公正的和准确的新闻；打造 BBC 体育平台，提供最棒的现场体育报道和体育新闻；打造 iPlay 和 BBC Bitesize 平台，让英国儿童能够安全地学习和游戏；打造 BBC iPlayer 和 BBC iPlayer 广播，提供高质量的娱乐节目充实人们的生活；打造创意服务平台，提供最棒的文化艺术、历史和科学节目；打造 BBC 直播平台，报道历史性时刻和全国性事件。BBC 制定机制保证高质量内容，如严格的编辑标准、成熟的投诉处理流程、系统的员工业务培训和定期内容评估体系

① BBC annual plan 2019/20, p. 9, http://downloads. bbc. co. uk/aboutthebbc/reports/annualplan/annualplan_ 2019-20. pdf.
② BBC annual plan 2019/20, p. 9, http://downloads. bbc. co. uk/aboutthebbc/reports/annualplan/annualplan_ 2019-20. pdf.
③ The TV Of Tomorrow-Tony Hall's speech at the Media & Telecoms Conference, march 7, 2019, https://www. bbc. co. uk/mediacentre/speeches/2019/tony-hall-media-telecoms.
④ 王菊芳：《BBC 之道：BBC 的价值观与全球化战略》，生活·读书·新知三联书店，2013 年 8 月，第 357 页。

等。BBC 在各个平台生产的节目在质量和独特性方面都得到了英国用户的广泛认可（见图 2-26）。

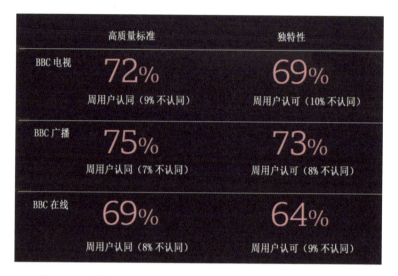

图 2-26 英国受众对 BBC 各平台内容评价（2018/2019 年度）
资料来源：《BBC 2018/2019 年度和财务报告》。

BBC 在 2018 年有多部剧作热播，证明其对内容的坚持得到用户认可。政治惊悚剧《保镖》（Bodyguard）大结局播出时，吸引了高达 1710 万的英国观众，创下了自 2002 年以来英剧收视人数最多的记录；《杀死伊芙》（Killing Eve）第一季在 BBC iPlayer 平台上点播次数达到 4250 万次，产生了轰动效应。[①] 2018 年，BBC 剧作获得了 15 项英国皇家电视协会奖（RTS）、七项国家电视奖，在国外也获得了巨大的成功，得到多个金球奖。[②]

（四）重视多方合作

BBC2015 年 10 月发布的《发行框架协议》确立了公共价值最大化的对外合作原则；承诺利用好广播和网络基础设施，不断创新，实现科技进步，确

---

① BBC Group Annual Report and Accounts 2018/19, p. 2, http：//downloads. bbc. co. uk/aboutthebbc/reports/annualreport/2018－19. pdf.

② BBC annual plan 2019/20, p. 7, http：//downloads. bbc. co. uk/aboutthebbc/reports/annualplan/annualplan_ 2019－20. pdf.

保缴纳收视费的用户利益。① BBC 剧作的热播体现了联合制作与合作传播的价值：《保镖》是 BBC 制播但通过网飞全球播映的，《连带伤害》（Collateral）为 BBC 与网飞合拍，《烈阳之罪》（Hard Sun）是与葫芦（Hulu）合作打造，纪录片《王朝》则由 BBC 环球（BBC Studios）与腾讯视频联合出品。

在本土合作方面，BBC 和前竞争对手、英国最大的商业电视公司 ITV 建立合作，共同面对以网飞和亚马逊 Prime 为首的美国流媒体巨头带来的巨大竞争压力。双方计划于 2019 年下半年推出专门针对英国用户的全新流媒体服务平台 Britbox，用户可以订阅点播双方的集成内容和原创系列剧。② 2017 年 BBC 和 ITV 已在美国市场推出 Britbox，定位为小众流媒体服务，专门迎合喜爱英剧的用户。推出两周年后用户已超过 50 万。③

BBC 与中国媒体开展了广泛合作，形式包括 BBC 版权输出以及双方联合制作等。《美丽中国》（Wild China）是 BBC 与中央广播电视总台中央电视台的首个联合摄制作品，2008 年 5 月 11 日在 BBC 电视二台首播，获得第 30 届"艾美奖新闻与纪录片大奖"最佳自然历史纪录片摄影奖、最佳剪辑奖和最佳音乐与音效奖。两家还合作了《生命的奇迹》（Wonders of Life）、《改变地球的一代人》（Generation Earth）和《非洲》（Africa）等片。BBC 在 2015 年与湖南广电的新媒体芒果 TV 签署了合作协议，一起开发能够在中国和全球发行的纪录片、综艺节目、电视剧和电影。④

BBC 2013 年开始与优酷合作，优酷开设英剧频道并引进《神探夏洛克》等百余部经典英剧；双方于 2015 年 10 月达成战略合作；2017 年 1 月优酷实现同步英国全网独播《神探夏洛克》第四季，同年引进《与恐龙同行》（Walking with Dinosaurs）等五部 BBC 精品；⑤ 2018 年优酷引入 BBC 经典科幻剧《神秘博士》（Doctor Who）第十一季等剧集。BBC 环球公司与爱奇艺

---

① BC Annual Report and Accounts 2015/16, p. 42, http://downloads.bbc.co.uk/aboutthebbc/insidethebbc/reports/pdf/bbc-annualreport-201516.pdf.

② BBC annual plan 2019/20, p. 9, http://downloads.bbc.co.uk/aboutthebbc/reports/annualplan/annualplan_ 2019-20.pdf.

③ Britbox：BBC 的流媒体反击战，2019 年 4 月 3 日，https://wallstreetcn.com/articles/3505664。

④ 晏文静：《BBC 环球要和芒果 TV 合作，一起开发影视剧和综艺节目》，2015 年 10 月 14 日，http://www.qdaily.com/articles/16030.html。

⑤ https://www.thedrum.com/news/2017/06/07/bbc-and-youku-partner-make-bbc-earth-films-available-china.

于 2015 年 10 月达成深度战略合作，将 BBC 地球频道（BBC Earth）此后 3
年所有新节目版权授予爱奇艺，时长超过 1000 小时；① 2017 年 BBC 环球公
司售给爱奇艺 300 小时学龄前儿童节目，BBC 少儿台（CBeebies）内容首次
正式登陆中国数字平台。② 2015 年 BBC 向腾讯视频出售纪录片资源，2016
年起双方联合出品纪录片《地球脉动Ⅱ》（Planet EarthⅡ）并于同年 11 月
双平台同步上线；③ 2017 年联合出品《蓝色星球 2》（Blue PlanetⅡ），2018
年 10 月合拍纪录片《王朝》（Dynasty），并在中国打造一个全新的 BBC 粉
丝专属社区。④

三 平面媒体的融合之路

英国报业发达，据统计全国共有 1500 多种报纸，⑤ 其中全国性日报 11
种，每周日发行的报纸 10 种。⑥ 根据报纸大小、新闻数量、价值观和内容
质量，英国全国性报纸分为大报（broadsheet）、通俗小报（tabloid）和中间
市场类报纸（mid-market papers）三类。大报又称高级报纸（quality press），
以国际国内新闻报道与评论为主，内容严肃，宽幅印刷，读者对象为受过
教育的上层人士和中产阶级，如《泰晤士报》《每日电讯》《卫报》《金融
时报》等；通俗小报又称大众化报纸（popular press），以报道桃色新闻、
犯罪新闻、灾难新闻和个人私生活为主，耸人听闻，小幅印刷，标题巨大，
图片众多，读者基本上是工人阶级和普通市民，如《太阳报》（The Sun）
和《每日镜报》（Daily Mirror）。中间市场类报纸介于两者之间，内容既有
高级报纸的纯新闻性，又有通俗报纸的娱乐性，如《每日邮报》（The Daily
Mail）和《每日快报》（Daily Express）。

---

① 《爱奇艺获 BBC Earth 所有新节目独家版权》，2015 年 10 月 28 日，http：//www.diankeji.
com/net/23880.html。
② 《爱奇艺向 BBC 环球购入 300 小时少儿内容》，2017 年 2 月 21 日，http：//www.contentchina.
net/html/qt/201702/7610.html。
③ 《腾讯视频与 BBC 同步上线《地球脉动Ⅱ》一起感受直击心底的震撼》，2016 年 11 月 8
日，http：//news.163.com/16/1108/13/C5BQ5EB200014AEE.html。
④ 《丰碑之作〈王朝〉，由腾讯视频和 BBC 联手打造，了解一下不一样的腾讯制作》，2018 年
10 月 17 日，http：//www.sohu.com/a/260122398_100288878。
⑤ https：//media.info/uk/newspapers/titles。
⑥ European Journalism Centre 2019：United Kingdom-Media Landscape，p.3，https：//
medialandscapes.org/country/pdf/united-kingdom。

数字化对英国报纸行业影响很大，英国《报业公报》（Press Gazette）统计，2017 年全年英国新发行了 10 种报纸，但停刊的高达 40 种，其中至少 30 种是地方性报纸，自 2005 年以来英国停刊的地方性报纸已达到 228种。[①] 自 2014 年起，英国停刊报纸数一直超过新创报纸数（见图 2-27）。[②]

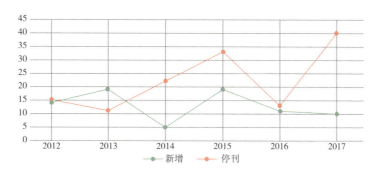

图 2-27　2012~2017 年英国地方性报纸新增和停刊数量

资料来源：《报业公报》（Press Gazette）。

尽管英国有五分之二的成年人宣称他们通过报纸获取新闻，报纸依然面临发行量不断下降的挑战。英国通信管理局发布的《英国 2018 新闻消费状况白皮书》（News Consumption in the UK：2018）显示，一份英国全国性报纸的发行量 2003 年可以接近 3000 万份，2017 年跌落到 1240 万份。[③] 欧洲新闻中心（European Journalism Centre）2019 年发布的《英国媒体全景》（United Kingdom—Media Landscape）的数据也显示，英国报纸的发行量在2010 年到 2018 年下降了大约 40%。[④] 为应对发行量下滑，英国报业纷纷进行融合尝试。四大报纸之一的《独立报》（The Independent）在 2016 年 3 月成为英国第一家停止印发纸质版的全国性大报。[⑤]

---

① https：//www.pressgazette.co.uk/some-40-uk-local-newspapers-closed-in-2017-with-net-loss-of-45-jobs-new-research-shows/.

② https：//www.pressgazette.co.uk/some-40-uk-local-newspapers-closed-in-2017-with-net-loss-of-45-jobs-new-research-shows/.

③ News Consumption in the UK：2018，p.39，https：//www.ofcom.org.uk/_ _ data/assets/pdf_file/0024/116529/news-consumption-2018.pdf.

④ European Journalism Centre 2019：United Kingdom-Media Landscape，p.3，https：//medialandscapes.org/country/pdf/united-kingdom.

⑤ https：//www.theguardian.com/media/2016/mar/26/eagle-dares-independent-newspaper-final-print-edition-scoop.

根据英国出版商受众监测公司 Pamco 2019 年 3 月发布的数据,《每日邮报》、《卫报》及相关新媒体平台分列 2018 年英国主要报纸(包括纸版和网站)月均触达量排行榜的第二位和第三位,是中间市场和大报两类报纸中最具影响力的代表,并都呈现出新媒体平台触达较广的特点(见表 2-4)。①

表 2-4 英国主要报纸 2018 年月均发行量

含印刷版和网站,单位:千人

	英国 15 岁以上成人月均触达人数				
	总触达人数	手机	平板电脑	台式电脑	印刷版
《太阳报》报系和网站 Sun titles and websites	29286	21174	3209	3210	8250
《每日邮报》报系和网站 The Mail titles and website	29280	19841	3134	5123	7821
《卫报/观察家报》和网站 The Guardian/Observer and website	25210	16920	2860	8179	3476
《镜报》报系和网站 Mirror titles and website	23963	17904	2305	2963	4246
《每日电讯报》报系和网站 The Telegraph titles and website	22741	14988	2814	5970	3303
《独立报》网站 Independent website	21994	16913	2441	5154	—
《地铁报》和网站 Metro and website	20916	12172	1511	1928	9500
《每日快报》报系和网站 Express titles and websites	17827	10964	2503	4973	2157
《标准晚报》和网站 Evening Standard and website	16042	11311	1429	2183	4225

① https://www.pressgazette.co.uk/uk-newspaper-and-website-readership-2018-pamco/.

续表

	英国 15 岁以上成人月均触达人数				
	总触达人数	手机	平板电脑	台式电脑	印刷版
《国民报》印刷版 The National-print only	8560	—	—	—	8560
《泰晤士报》报系和网站 The Times titles and websites	8038	2706	623	1174	4752

资料来源：Pamco，2019 年 3 月。

https：//www. statista. com/statistics/529060/uk-newspaper-market-by-circulation/.

（一）《每日邮报》的数字化之路

《每日邮报》是英国第一份日销量达到百万的报纸，目前与《每日电讯报》同属联合报业集团（Associated Newspapers），属于英国保守派报纸。其中，《每日电讯报》在社会中上阶层发行，《每日邮报》在中下阶层发行，重点读者为富裕中产阶级特别是女性读者。

《每日邮报》旗下媒体包括英国境内阅读量最大的两家付费报纸《每日邮报》（Daily Mail）和《星期日邮报》（The Mail on Sunday），以及英国最受欢迎的免费报纸《地铁报》（Metro），《地铁报》是英国发行量最高、每月阅读量最大的工作日报纸，这三个品牌加起来每个月可以触达 63% 的英国成年人。《每日邮报》集团还有世界上访问量最大的报纸网站——邮报在线（MailOnline），其庞大的用户群每天花费在网站内容上的时间达到 1.45 亿分钟。[1] "邮报"已经成为英国第一商业新闻媒体品牌，并拥有独立的英国、美国、印度和澳大利亚分站，在英语互联网新闻服务市场拥有很强的影响力。

（1）不断改革，抓住新媒体业务引领增长

《每日邮报》集团的收益主要来自于广告和发行，但其增长主要是由邮报在线和地铁报网站（metro. co. uk）为代表的数字业务所带动的。根据《每日邮报》母公司 Daily Mail & General Trust（DMGT）2018 年度报告，该财年《每日邮报》和《星期日邮报》在英国零售市场所占据的份额分别增

---

[1] DMGT's annual report 2018, p. 20, https：//cdg-dmgt. com/build2018/investors/assets18/pdf/DMGT_ AR18_ Interactive. pdf.

长到 24.8% 和 21.9%；但是由于发行量减少，集团发行收益仍然比上一年下降了 5%，为 2.91 亿英镑。邮报在线在网站或手机应用或移动设备上的流量依然在增长，但是通过社交媒体或搜索平台带来的间接流量有所减少，导致全球平均日独立用户数在 2018 年减少了 13%，为 1290 万。但是邮报在线对其核心目标受众的吸引力在增加，全球用户每日平均浏览时间增长了 2%，达到 1.45 亿分钟，其中 77% 是由直接浏览带来的，而上一年是 74%。① 邮报在线是《每日邮报》集团的核心增长业务，其发展依靠不同类型的广告以及与重要商业伙伴色拉布、谷歌和脸书的合作。②

邮报在线的主编马丁·克拉克（Martin Clarke）一直锐意改革。2005 年他全面接手邮报在线业务，抓住了数字媒体时代移动端成为主流的机遇，在 2010 年发布了邮报在线 App。2013 年 12 月，Google Play Store 将其评为英国年度最佳客户端应用。

根据互联网调研公司康姆斯科（comScore）的统计，邮报在线 App 在 2015 年位列英国新闻类 App 用户黏度榜首，每位用户每月使用时长比平均值多出 5 小时。每位用户每次访问时长比各类 App 平均值高出 20%，用户在这款 App 上分享一篇文章的可能性是平均值的 2 倍，比其他客户端用户观看视频的可能性也更大。③

2016 年 11 月，邮报在线成为英国最受欢迎的多平台新闻网站，当月通过台式电脑、笔记本电脑、手机和平板电脑访问其网站的英国独立用户达到 2740 万。④ 2018 年 3 月，根据市场研究机构英国在线测量公司 UKOM 发布的数字市场研究报告，邮报在线当月英国独立用户总数进一步上升到 2980 万，同期《卫报》英国独立用户总数为 2373.3 万，英国电讯媒体集团（Telegraph Media Group）英国独立用户总数为 2236.2 万。⑤

---

① DMGT's annual report 2018, p. 20, https：//cdg-dmgt.com/build2018/investors/assets18/pdf/DMGT_ AR18_ Interactive. pdf.

② https：//www.dmgt.com/investors/annual-report-16, Daily Mail and General Trust Annual Report 2016, p. 26。

③ http：//news. qq. com/original/dujiabianyi/dmliuliangguichuhuisheng. html, Daily Mail 出版人让纸媒网站流量快速回升，2015 年 11 月 3 日。

④ https：//www. pressgazette. co. uk/comscore-mirror-online-is-second-most-visited-news-website-as-sun-boosts-mobile-audience/.

⑤ https：//www. comscore. com/Insights/Presentations-and-Whitepapers/2018/UKOM-Digital-Market-Overview-March-2018, p. 19。

（2）合作共赢

邮报在线把视频、本土广告和电子商务作为其长远的收益增长点，力图通过在线广告业务的增长走出报业创新之路。2016 年 6 月保罗·兹韦伦伯格（Paul Zwillenberg）成为 DMGT 首席执行官后，致力于继续拓展新媒体业务，谋求提升全球用户特别是美国用户的规模和互动量。

《每日邮报》与脸书进行了内容合作，增加了在新媒体平台的曝光度，增强了品牌的辨识度和影响力。邮报在线加入了脸书的"即时文章"（Instant Articles）项目，用户能获得更快的、交互式的阅读体验。目前就发表的新闻和视频数量，以及用户阅读和观看量而言，邮报在线都已经成为该项目最大的发布者之一。据 2019 年 1 月的数据，《每日邮报》的网站 dailymail. co. uk 以 3900. 77 万的月互动量位于脸书该月用户互动量最高的第三名，比来自美国本土的第一名 foxnews. com 低 600 万左右（见图 2-28）。

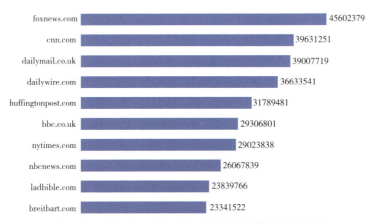

图 2-28　2019 年 1 月脸书平台互动量最高的网页排行
资料来源：美国社交媒体内容和信息分析服务平台 NewsWhip。

《每日邮报》还加入了谷歌 Google 公司推出的加速移动页面（Accelerated Mobile Pages）项目，通过改造 HTML、利用缓存等技术来帮助网络条件不好的移动设备提高页面加载速度，并针对广告体系和付费墙进行设置，提高了受众移动浏览体验并吸引各大发行商，带动了移动广告增长。

（3）抓住年轻用户

为了迎合年轻受众对于视频内容的消费习惯，《每日邮报》从传统纸媒成功拓展到视频制作领域。根据 2019 年 1 月 1 日至 2 月 20 日的统计，脸书平台互动最多的十个原生视频页面中，《每日邮报》的页面位列第八，原生视频互动量超过 1480 万（见图 2-29）。

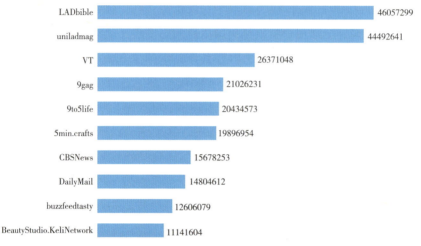

LADbible	46057299
uniladmag	44492641
VT	26371048
9gag	21026231
9to5life	20434573
5min.crafts	19896954
CBSNews	15678253
DailyMail	14804612
buzzfeedtasty	12606079
BeautyStudio.KeliNetwork	11141604

图 2-29　2019 年 1 月 1 日至 2 月 20 日脸书平台原生视频页面排行
资料来源：美国社交媒体内容和信息分析服务平台 NewsWhip。

此外，《每日邮报》还进驻了色拉布推出的新闻聚合应用 Discover。《每日邮报》的北美区 CEO 乔恩·斯坦伯格（Jon Steinberg）说，邮报每天下午 3 点左右发布 14 条内容到色拉布上，这样做是因为大部分学生都是 3 点放学，所发布的内容能正好被他们看到。[①] 《每日邮报》在 Discover 上的标题和呈现方式与其网页版相比，增加了炫酷的动画、音乐和声音特效，并推出为色拉布定制的视频。

英国在线测量公司 UKOM 2017 年 8 月发布的《年轻人（18-24 岁）传统媒体品牌认知的研究报告》显示，2017 年 6 月《每日邮报》网站在 18 岁以上在线用户中的触达率达到 63.1%，其中 18 岁到 24 岁的在线用户中触达率是 68%（见表 2-5），[②] 显示出《每日邮报》对从网络获取新闻的年青一代来说有着不容忽视的影响力。

---

① http：//chuansong. me/n/1849023，每日邮报网站（Mail Online）流量何以坚挺？6 大"小报思维"强势绝杀，2015 年 10 月 27 日。
② https：//www. comscore. com/Insights/Presentations-and-Whitepapers/2017/UKOM-Insights-18－24s-and-Traditional-News-Brands，p. 1.

表 2-5　2017 年 6 月英国各大新闻网站 18 岁以上用户触达率

单位：%

	18~24 岁在线用户 触达率（2017.6）	18 岁以上在线用户 触达率（2017.6）
《太阳报》网站（The Sun Online）	72.3	66.7
《BBC 新闻台》网站（BBC News）	71.1	77.3
《每日邮报》网站（DAILYMAIL.CO.UK）	68.0	63.1
《卫报》网站（THEGUARDIAN.COM）	65.5	56.1
《镜报》网站（MIRROR.CO.UK）	61.9	54.1
《每日电讯报》网站（TELEGRAPH.CO.UK）	61.8	58.5
《独立报》网站（INDEPENDENT.CO.UK）	56.1	52.4
《天空新闻台》网站（Sky News）	35.5	36.1
《标准晚报》网站（STANDARD.CO.UK）	35.4	28.6
《每日快报》网站（EXPRESS.CO.UK）	25.5	29.5
《每日星报》网站（DAILYSTAR.CO.UK）	19.8	15.1
《泰晤士报》网站（THETIMES.CO.UK）	5.5	7.0

资料来源：英国在线测量公司 UKOM2017 年 8 月发布的《年轻人（18-24 岁）传统媒体品牌认知的研究报告》。

（4）深耕垂直内容

《每日邮报》一直以通俗取胜，明星花边、八卦绯闻、奇闻异事吸引了相当多的忠实用户。邮报在线开辟的女性频道深耕女性群体，频道主题色为粉色，专门发布美妆、时尚、购物等女性感兴趣的内容。女性频道不仅带来了流量，还有丰厚的利润。该频道下的"女性潮探"（Female Fashion Finder）子频道专门发布各色服装的购买信息，读者看后可以直接点击购买，吸引了不少广告商。

2015 年 6 月，邮报在线宣布与美国著名的日间脱口秀主持人菲尔·麦格劳博士（Dr. Phil McGraw）合作推出电视节目 Daily Mail TV，将邮报在线的内容搬上电视屏幕。在谈到合作开发电视节目时，邮报在线的主编马丁·克拉克（Martin Clarke）说："视频内容如今对于在线新闻发布机构来说正变得越来越重要，因此我们想与视频行业内最优秀的人合作。"[1] 2018

---

[1]　http：//news.qq.com/original/dujiabianyi/dmliuliangguichuhuisheng.html，Daily Mail 出版人让纸媒网站流量鬼畜回升，2015 年 11 月 3 日。

年 10 月 Daily Mail TV 成为《每日邮报》消费媒体部旗下的全资子公司；根据 DMGT2018 年报，这项美国电视业务一天平均吸引 130 万名受众的观看。[①]

（二）《卫报》创新"新闻会员制"

根据 Pamco2018 年 12 月的调查，《卫报》被英国读者选为最受信任的报纸，同时也是读者数量最多的英国大报，以及年轻读者最受欢迎的大报。《卫报》平均每天可以触达 410 万名读者，部分归功于《卫报》向所有读者免费开放其网络内容。超过 97% 的在线读者认为花费时间阅读《卫报》物有所值，在英国全国性报纸中打分最高。《卫报》纸质版的读者中，认为其是可信任媒体的人高达 99%。[②]

《卫报》创新了传统的订阅模式，推出"新闻会员制"。在覆盖 140 多个国家的读者中发展了 50 万付费会员，会员收入已正式超过了广告收入，成功抵消了广告下降的损失，实现盈利模式的转型。

1. 推动读者"为好报道付费"

根据 2019 年 4 月 Comscore 发布的《从病毒式到部落式传播：出版业的新前沿》（From Viral to Tribal：The Next Frontier in Publishing），从 18~22 岁的 Z 一代，23~38 岁的千禧一代，到 39~54 岁的 X 一代，绝大多数英国人都不愿意为新闻付费。[③]（见图 2-30）

图 2-30 绝大多数英国受调查者表示不愿意为新闻付费

资料来源：Comscore.

① DMGT's annual report 2018，p. 20，https：//cdg-dmgt. com/build2018/investors/assets18/pdf/DMGT_ AR18_ Interactive. pdf.

② https：//www. theguardian. com/media/2018/dec/17/guardian-most-trusted-newspaper-in-britain-says-industry-report.

③ From Viral to Tribal：The Next Frontier in Publishing，p. 4，https：//www. comscore. com/Request/Presentations/2019/From-Viral-to-Tribal-The-Next-Frontier-in-Publishing？ logo＝0&c＝1.

但用户愿意为实用（Utility）、独家（Exclusivity）和优质内容（Premium content）付费，[①] 因此《卫报》集中精力主推优质新闻，会员吸纳能力明显增强。

2. 建立差异化服务用户圈

会员制与"付费墙"不同，不是单纯的信息买卖，而是重在服务体验，通过与读者建立更深入的关系来提高会员数量。《卫报》制定了差异化的会员标准，根据付费的高低，把读者划分为"支持者""好伙伴"和"老主顾"三个不同群体，对应享受不同的权利。"好伙伴"可以获得线下活动门票、《卫报》出版物和小礼物，"老主顾"则可以受邀参观《卫报》的编辑室、参加高端幕后沙龙等。通过建立差异化服务的用户圈，让读者和记者、编辑实现多维度的互动，增强用户关系的黏性。

3. 增进读者在新闻报道中的参与感

会员制让读者与报社产生了更多的情感共鸣，他们对报道故事的回应促进了新闻工作的进一步深入。[②]《卫报》还为读者会员提供每周简报、每周幕后系列、专栏作者问答，以及来电问答的播客，持续让读者保持对新闻报道的参与感。

在这些努力下，《卫报》于2018年底成为读者数量最多的全国性大报，通过纸版和网站各个平台月均触达2350万读者（见图2-31）。截至当年底，已有超过100万读者对《卫报》捐资。

四 英国传统媒体的新媒体策略可借鉴经验

英国媒体在世界传媒产业中占据重要地位，英国媒体的新媒体策略具有以下共同经验，可资借鉴。

（一）借助媒介融合进行流程再造

数字技术使文字、图片、声音、影像等介质在不同平台之间的转化更加便捷，互联网技术的快速发展正在改变用户的消费习惯，"媒体融合"已

---

① From Viral to Tribal: The Next Frontier in Publishing, p. 14, https://www.comscore.com/Request/Presentations/2019/From-Viral-to-Tribal-The-Next-Frontier-in-Publishing? logo=0&c=1.
② https://www.theguardian.com/media/2018/dec/17/guardian-most-trusted-newspaper-in-britain-says-industry-report.

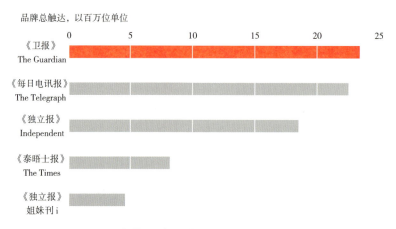

图 2-31　2018 年英国《卫报》各端月均读者总数达 2350 万

资料来源：英国出版者受众监测公司 Pamco 发布的数据。

成为媒体不可逆转的发展趋势。① 在数字化和网络化所带来的媒体融合浪潮中，传统媒体需要在内容、渠道、平台、经营和管理各方面积极探索，寻求合适的媒体融合模式，完成新闻生产流程的再造、管理的扁平化、组织文化的重塑等。

BBC 的数次转型都对媒体架构相应做出了调整。2006 年 BBC 时任总裁马克·汤普森（Mark Thompson）提出了"360 度"融合概念，要求无论是内容策划还是节目制作，都要同时考虑广播、电视和网站三个平台的需求，以及固定设备和移动设备的需要。2007 年，BBC 总部改变以往按照平台分类的方法，将原来的广播、电视、互联网新闻中心重新组合成一个大新闻平台，统一调度、协调新闻的采集与电视、广播、网络节目编发。②

与总部新闻平台的深度融合不同，BBC 苏格兰的新闻时事节目部采用了跨平台合作的方式进行改革。2007 年，原有的广播、电视和网络编辑部打破物理分隔搬到同一空间工作；但三个平台依然保持独立，并设置了"新闻协调官"这一新岗位，负责平台间的信息共享、采访设备分配和新闻互换。③

---

① 战伟萍：《国际媒体新闻业务融合模式探析》，《国际传播》2018 年第 3 期，第 90 页。
② 战伟萍：《国际媒体新闻业务融合模式探析》，《国际传播》2018 年第 3 期，第 91 页。
③ 战伟萍：《国际媒体新闻业务融合模式探析》，《国际传播》2018 年第 3 期，第 92 页。

无论是 BBC 的数次转型，还是《每日邮报》积极创新探求新媒体，都是为了在日益严峻的媒体竞争环境中适应数字时代的需求，谋求更好的发展。

（二）讲好故事，提升浸媒体体验

BBC 和《每日邮报》等英国媒体都有自己的研发队伍，通过新媒体技术实现产品的更新换代和传播平台的延伸，引领用户需求，实现用户体验的升级，增加用户黏性，最终留住用户。

随着虚拟现实（VR）和增强现实（AR）技术的发展，媒体业也不可避免地卷入一场由"全媒体"到"浸媒体"的更新迭代中。BBC 在 2014 年开始试水 VR，并于 2015 年 3 月在各大媒体中率先将 VR 与 360 度全景视频运用于新闻产品的开发中，以此加强受众的沉浸式体验效果。同年，BBC 还与高科技制作团队 Rewind 合作，运用 VR 技术制作真人秀节目《舞动奇迹》（*Strictly Come Dancing*）第二季，旨在吸引更多青年受众。

2016 年初，BBC 借助 VR 内容发布平台 Oculus 推出了第一部运用 VR 技术摄制的纪录片《复活节起义：抗议者之声》，还原了 1916 年爱尔兰共和派争取独立时的历史情境。2016 年 12 月 14 日，BBC 发布了第一部 VR 动画短片 *We Wait*，以 VR 技术"原画复现"了一个叙利亚难民家庭逃难到希腊的真实故事。[①]

2017 年 12 月，BBC 推出首个全语音智能音箱语音控制服务，用户可以通过智能音箱获取 BBC 所有直播广播电台（包括本地、全国和国际电台）以及 BBC 的播客内容。此外，BBC 投入了大量研发来打造提供订制内容的智能音箱，于 2018 年 2 月推出了一套试验性的互动式广播剧《监察室》（The Inspection Chamber），用户可以在智能音箱通过语音与之互动，并参与到广播剧故事情节中并决定故事未来的走向。[②]

在会员制方面独树一帜的《卫报》也通过专栏作者问答等互动式衍生内容产品，创造了更多讲新闻故事的可能性。

---

① 史安斌、刘弼城：《数字媒体时代 BBC 的青年受众战略》，《青年记者》2017 年 4 月号。
② Communications Market Report 2018, p. 43, https://www.ofcom.org.uk/__data/assets/pdf_file/0022/117256/CMR-2018-narrative-report.pdf.

（三） 立足新媒体，打造易于传播的优质内容

在英国的主流媒体中，无论是以 BBC 为代表的广电媒体还是《每日邮报》这样的纸媒，都有很强的精品内容和受众口碑意识，善于借助品牌影响力打造新媒体内容产品。

BBC 2016 年初开始在手机应用上使用"竖屏视频"（Vertical Video）等形式来进行深度的故事呈现。"竖屏视频"的长度一般不超过 90 秒，配有字幕，用户不用听声音也能观影。多数视频可以直接在脸书、推特等社交平台上转载分享，无须采用传统的链接方式。目前 BBC 手机应用的"竖屏视频"有两个基本版块：一个是"每日视频"，另一个是类似于深度报道的"特稿视频"。[①] 前者采用秒拍视频和"播放列表"的形式，用户可以随时进行评论，并通过自己的社交账户进行转载或分享。2016 年 12 月起，BBC 首次尝试在其手机应用上发布"特稿视频"，将短视频与深度报道进行结合。目前，多数"特稿视频"仍以 BBC 擅长的自然和人文地理为主，获得了青年受众的良好反馈，超过半数的"竖屏视频"被点击观看，超过四分之一的用户每周平均观看的"特稿视频"超过 5 部。

在短视频盛行的时代，BBC 依然看好声音产品的市场。BBC 是全球播客产品的主要内容提供者之一，2017 年播客下载量达到 2.4 亿。2018 年 6 月，BBC 发布了 BBC Sounds 手机应用，将广播节目的直播和点播、音乐和播客集成到一个个性化的 App 上。BBC 称该应用能够学习聆听习惯，每个用户的 BBC Sounds 体验都将是独一无二的，提供对 8 万小时 BBC 播客和广播节目的一触式收听。此外，用户能够滚动转盘收听 BBC 18 个全国广播电台和网络广播电台（CBeebies Radio）中的任意一个，或点击全部电台（All Stations）收听 BBC 40 个当地电台的任意一个。[②]

（四） 跨界合作，抓住年轻人需求

英国媒体具有良好的受众意识，紧扣年轻受众的需求生产丰富多彩的媒体产品。比如《每日邮报》一直把年轻读者作为其努力吸引的核心人群，

---

① 史安斌、刘弼城：《数字媒体时代 BBC 的青年受众战略》，《青年记者》2017 年 4 月号。
② https://www.xianjichina.com/special/detail_ 341042.html.

在平台考量上，主打年轻族群社交的色拉布就成为其首选合作方。

　　《BBC 一分钟》（BBC Minute）是面向海外"青年国家"受众开办的栏目。这些"青年国家"大多分布在亚非拉地区，如肯尼亚，该国 61% 的人口年龄在 15 岁至 34 岁之间。这档节目每次时长 60 秒，每周七天全天候广播，每隔半个小时更新一次。节目内容主要为最新重大国际新闻的集锦，尤其是商业、体育和娱乐领域的资讯。这个栏目共有 15 名记者和编辑，他们通过社交媒体抓取年轻人关注的"时尚"议题和突发性的"爆炸新闻"。除了采用主播来播报这一传统形式外，该栏目还引入"对话播报"等新的形式，旨在增强节目的互动性和趣味性。[①]

---

①　史安斌、刘弼城：《数字媒体时代 BBC 的青年受众战略》，《青年记者》2017 年 4 月号。

第三章　国际主流媒体在英国的
发展战略和路径

本章分别对国际媒体在英国的传播进行研究。在对西方媒体的研究部分，主要以美国的主流媒体机构和新媒体公司为对象；非西方媒体则以总部位于卡塔尔的半岛电视台和新近崛起的"今日俄罗斯"电视台作为观察样本。通过分析总结国际主流媒体在英国的发展战略和路径，为中国媒体在英国市场的发展和传播提供参考。

第一节　美国媒体在英国

美国的传媒产业在全球独领风骚，电视、广播、电影、报纸、杂志和互联网等所有媒体形态都非常发达。美国媒体大多从属于商业化的媒体公司，拥有成熟的商业运作体系和强大的传播能力。美国媒体在英国传播不仅没有语言障碍，更重要的是，两国有着相同的意识形态、语言文化、价格观念和诸多共同利益，因此，美国的传统媒体和新媒体对英国市场基本可以做到全面覆盖和渗透。

尤其值得研究的是，作为互联网的发源地，美国率先产生了一批互联网巨头，基于互联网的美国新媒体公司也因此迅速成长为世界性公司。全球最具影响力的新媒体或者数字化媒体公司，比如脸书、推特、优兔、照片墙和网飞等，在英国具有明显优势。

一　美国非商业媒体在英国的发展

美国绝大部分媒体都是商业媒体，由商业资本运作。由政府或公共资金支持的媒体只有两家：美国之音（VOA）和美国全国公共广播电台（NPR）。其中，美国之音以传播美国政府的政治外交立场、意识形态和价值观为主要目的，是专门面向美国境外的受众开展对外传播的机构。而美国全国公共广播电台，则主要针对美国国内受众传播，不过随着新媒体平台（如播客平台）的发展，也有了向海外受众传播的机会，而且表现突出。

（一）美国之音在英国传播

美国之音（Voice of America，缩写为 VOA）成立于 1942 年 2 月，总部在首都华盛顿，先后隶属于美国国务院国际新闻署、美国新闻总署、国际广播局，[①] 是美国政府设立的对外宣传机构，为美国国家利益和外交政策服务。美国之音以 40 多种语言，通过广播、电视、互联网、社交网站等平台，向世界各地播出新闻时事、资讯、文化、英语教学以及反映美国政府立场的社论等节目。[②]

美国之音在二战期间由美国战时情报局组建，用来应对纳粹德国的宣传，向德国占领的欧洲和北非地区提供盟国的新闻节目，主要以短波方式播出。当时，美国之音还与 BBC 达成协议，在英国共享中波发射机，通过中波在英国播出。[③]

2012 年以来，随着传统广播业务预算的减少，美国之音逐步取消了多个语种的地区性短波、中波业务，增加了对媒介技术和内容整合的投入，将发展重心转向社交媒体和移动终端的开发应用。[④]

值得注意的是，在传播内容上，美国之音加大了语言教学的比重，将新闻等节目素材包装为教学节目，通过新媒体平台发布，从而达到传播的目的。例如，通过推出 VOA 慢速英语等教学 App、在苹果播客上发布英语教学节目等方式，向非英语国家的受众传播。同时，在脸书上设置英语教学账号 VOA Learning English，截至 2019 年 5 月，粉丝达到 260 多万。[⑤]

在英国，美国之音没有落地电台，即没有任何调频或中波频率播出美

---

① 刘春晓：《美国之音对华广播 72 载：解密那道"永不消逝的电波"》，http://news.ifeng.com/opinion/bigstory/special/00002/，获取时间：2019 年 5 月 20 日。

② VOA History，https://www.insidevoa.com/p/5829.html，获取时间：2019 年 5 月 20 日。

③ VOA Through the Years，https://www.insidevoa.com/a/3794247.html，获取时间：2019 年 5 月 20 日。

④ 康秋洁：《他山之石——美国之音的媒体融合实践》，《中国广播》2018 年第 2 期。

⑤ 美国之音脸书账号 VOA Learning English 页面，https://www.facebook.com/voalearningenglish/，获取时间：2019 年 5 月 20 日。

国之音的节目。在英国当地收听美国之音的节目，通常只能登录其网站或其他新媒体平台；美国之音也没有针对英国受众制作专门的节目。对于美国政府而言，并没有通过国家电台对英国民众宣传美国政府立场的强烈需求。另一方面，对美国之音有所了解的英国人大都认为该台是美国政府的宣传工具，不会将其视为一个有分量的媒体。因此，美国之音在英国社会影响很小。

事实上，根据中央广播电视总台中国国际广播电台团队的调研，美国之音在欧洲绝大部分国家都没有广播落地，仅在非洲部分国家通过向当地电台租时段等方式，以当地语言播出。

尽管没有成型的英国业务，但美国之音从传统广播过渡到网络和社交媒体传播，节约了投入成本，增加了有效触达受众的媒介和平台。其将新闻内容包装制作为教学材料，借语言文化输出新闻价值观，这对于开展跨语言传播的国际传播机构具有借鉴作用。随着中国经济和综合实力的不断提升，世界范围内学习中文的需求不断增加，将媒体内容产品用于中文教学是媒体有别于其他语言教学机构的特点，并且兼具信息和学习双重价值。

（二）美国全国公共广播电台在英国的传播

成立于 1970 年 2 月的美国全国公共广播电台（National Public Radio，缩写为 NPR）是一家独立的、非商业性媒体机构，是美国国内收听率最高的广播电台。该电台制作新闻、脱口秀、音乐、娱乐等各类节目，并通过其在全美 900 多个加盟电台播出。加盟电台均为地方公共电台，资金则主要来自公众和企业赞助及部分政府资助。NPR 资金主要来源于加盟电台支付的年费和节目费用、企业赞助，也包括部分政府和机构拨款及个人捐款等。①

NPR 在美国以外没有落地或加盟业务，近年来各种新媒体平台特别是播客平台的出现为 NPR 的海外（包括英国）发展提供了契机。NPR 是融媒体时代开拓新媒体业务的先驱，通过充分探索各种新媒体传播渠

---

① About NPR，https：//www.npr.org/about/aboutnpr/，获取时间：2019 年 5 月 20 日。

道，与不同类型的新媒介融合，现已建立了立体的传播网络，[①] 包括：官方网站 NPR.org、手机应用 NPR 和 NPR One、脸书和推特上的账号群等。不过，NPR 最引人注目和成功的尝试是率先探索了播客（podcast）业务。

2014 年，由 NPR 旗下栏目 This American Life 出品的调查类播客 Serial，在播客平台推出后引起轰动。截至 2018 年 9 月，Serial 第一、二季的全球下载量达到了 3.4 亿次。[②] 哈佛大学尼曼新闻实验室将 Serial 的播出看做是播客第三次浪潮的开端。[③] 在此之后，一批才华横溢、擅长讲故事的制作人迅速成长起来，引来众多听众，进而吸引了众多投资人的目光。

过去几年，NPR 在播客领域进行了大量投入。推出众多专门针对播客平台的音频产品，通过苹果播客（Apple Podcast）、TuneIn Radio 等第三方播客平台发布推广。NPR 的播客节目不仅在美国而且在全球都受到欢迎。苹果播客平台 2018 年全球下载量最多的前 25 个播客栏目中，有 5 个都是由 NPR 出品：Fresh Air（第 4 位）、Up First（第 8 位）、TED Radio Hour（第 12 位）、Planet Money（第 13 位）、Hidden Brain（第 21 位）。[④]

播客等新媒体平台的出现打破了音频产品传播的国界，语言相同、文化相近使得 NPR 的播客节目在英国相比其他国家更易于为受众所接受。在英国的苹果商店可以看到，截至 2019 年 5 月，最受英国受众欢迎的 NPR 播客栏目包括 How I Built This with Guy Raz（经济类，世界知名公司背后的故事）、TED Radio Hour（知识类，各类知识性话题讨论）、Planet Money（经济类，日常经济学）、Fresh Air（艺术类，艺术家访谈）、Hidden Brain（知识性，揭秘人类行为模式）、Invisibilia（科学/心理类，揭秘控制人类行为思想信仰的看不见的力量）、The NPR Politics Podcast（新闻类，NPR 时政

---

① 闫新悦：《新媒体时代美国广播媒体融合模式及对我国的启示——以美国公共广播电台为例》，《English Square》2018 年第 6 期（总第 090 期）。

② 'Serial' Season 3 Podcast Premiere Date Set，https://variety.com/2018/digital/news/serial-season-3-premiere-date-podcast-1202927015/，获取时间：2019 年 5 月 20 日。

③ 刘征、陈前、夏琪、程丹：《借鉴他人的实践，探寻中国广播发展之路经——参访美国国家公共广播电台的感悟》，《中国广播》2018 年第 7 期。

④ Apple's most-downloaded podcasts of 2018，https://rainnews.com/apples-most-downloaded-podcasts-of-2018/，获取时间：2019 年 5 月 20 日。

记者畅聊新闻）等（见图 3-1）。

图 3-1 苹果播客英国商店 NPR 热门播客排行榜
资料来源：苹果播客英国店页面，2019 年 5 月 27 日。

不过，NPR 目前在英国的影响力还无法与本土的 BBC 相提并论。同期英国苹果商店的热门播客排行榜前 40 名的榜单中，BBC 的入榜播客栏目有 7 个。其中，有 3 个栏目进入前 10 名，包括：13 Minutes to the Moon（第一位，纪录片/科技类）、That Peter Crunch Podcast（第三位，聊天脱口秀/体育足球类）、Desert Island Discs（第五位，访谈/音乐艺术类）等（见图 3-2）。而 NPR 进入前 40 的播客栏目只有一个，即由旗下 This American Life 栏目出品的 Serial（第 24 位）。[1]

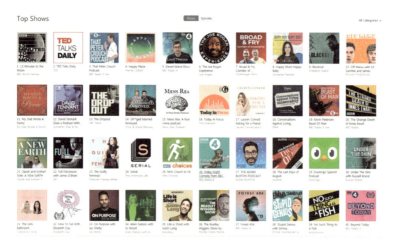

图 3-2 苹果播客英国商店热门节目排行榜
资料来源：苹果播客英国商店页面，2019 年 5 月 20 日。

---

[1] Podcast Charts-All Countries，http：//www.itunescharts.net/charts/podcasts/，获取时间：2019 年 5 月 20 日。

虽然在英国影响力相对较小，但 NPR 作为探索播客的媒体先驱，在英文播客制作与传播上的丰富实践，为中国媒体机构和个人提供了宝贵经验。首先，在节目类型设置、内容策划、节目风格、受众反馈等方面，NPR 都提供了丰富的案例可供研究学习。由杂志人转型创办的知名知识类 APP 大象公会于 2017 年 6 月推出了播客"故事 FM"，其灵感就来自于 NPR 旗下的 This American Life 等栏目。① 其次，从 NPR 在英国比较受欢迎的播客节目类型可以瞥见一些英国受众的特点，例如，对经济类、知识性节目比较感兴趣，对以美国新闻为主的播客节目则不太关注。

二 美国商业媒体在英国的发展

有英国业务的美国商业媒体中，美国有线电视新闻网（Cable News Network，简称 CNN）和新闻集团（News Corporation）比较有代表性。CNN 的定位是向全球提供世界新闻，在伦敦设有地区总部和节目制作中心。新闻集团则通过子公司英国新闻集团，在英国直接运营多家本地报纸。

（一）CNN 的发展战略

CNN 是美国最大的新闻电视公司，也是世界上第一个 24 小时电视新闻频道，② 总部位于佐治亚州亚特兰大。自从 1980 年创立后，CNN 因在世界各地重大新闻事件中的现场报道而声名鹊起，尤其是对 1991 年海湾战争的现场报道举世瞩目，成为各国首脑和舆论界了解实际战况的主要渠道，从此奠定了其世界性新闻电视网的地位。目前，CNN 覆盖了全球 200 多个国家和地区的 20 多亿人口，在美国国内有约 9000 万家庭用户，在美国境外则覆盖超过 3.8 亿户家庭。③

在内容制作、传播以及运营管理上，CNN 采取全球化、本土化、区域化和差异化并举的战略。第一，内容和运营全球化。CNN 以报道全球新闻

① AMY QIN：《〈故事 FM〉：在中国，讲普通人的真故事》，https：//cn. nytimes. com/china/20190515/china-podcast-gushi-fm/，获取时间：2019 年 5 月 28 日。
② CNN launches，https：//www. history. com/this-day-in-history/cnn-launches，获取时间：2019 年 5 月 20 日。
③ CNN Worldwide Fact Sheet，http：//cnnpressroom. blogs. cnn. com/cnn-fact-sheet/，获取时间：2019 年 7 月 28 日。

为己任，在全球约有 3000 名员工，36 个城市设有编辑部，① 包括伦敦、香港、阿布达比、新德里等，帮助 CNN 随时随地报道全球突发事件和重大新闻。第二，员工和内容本地化。CNN 在各国的办事处和编辑部大量启用当地记者，制作本土化的节目。本地的新闻主要由本地记者采编，同时雇佣当地族裔的主持人，增加节目的贴近性和可信度。第三，区域化管理。CNN 在全球有四个节目制作中心，分别位于总部亚特兰大、伦敦、香港和阿布扎比。新闻采集通过各制作中心，以及国内和国际任务办公室进行协调。第四，内容差异化。CNN 在全球分不同版本播出。在美国国内播出美国版（CNN US），以美国新闻为主。在美国境外播出的 CNN 主要是国际版（CNN International），内容以世界新闻为主，播出语言为英语。此外，还有针对不同地区和对象国的西班牙语版 CNN en Español 和土耳其语版 CNN Türk。②

近年来，除了传统电视业务外，CNN 大力投入新媒体，并且成效显著。自 2013 年杰夫·扎克（Jeff Zucker）担任 CNN 全球总裁后，大力推行"移动先行，数字第一"的新媒体转型战略。目前，CNN 不仅开发了网站、手机应用、社交网站账号、直播流服务、互联网电视 OTT TV、可穿戴设备等新媒体产品，而且在虚拟现实（VR）、增强现实（AR）、人工智能等研究应用方面也走在全球媒体前面。③ CNN 的各新媒体平台是排名第一的在线新闻目的地，每月有近 2 亿来自全球的独立访客。④ CNN 在社交媒体上设立的账号，粉丝数大都领先于全球众多新闻媒体。截至 2019 年 5 月，仅 CNN Breaking News 和 CNN 这两个推特主账号全球粉丝就达到近 1 亿，脸书主账号 CNN 和 CNN International 的粉丝也近 5000 万。

英国是 CNN 全球布局中的重要国家，尤其在管理和节目制作层面。伦敦是 CNN 的欧洲总部。由于语言和地理位置等优势，伦敦也是 CNN 除全球总部亚特兰大之外，承担节目制作任务最多的制作中心。

---

① CNN Worldwide Fact Sheet，http：//cnnpressroom. blogs. cnn. com/cnn-fact-sheet/，获取时间：2018 年 5 月 20 日。

② CNN Worldwide Fact Sheet，http：//cnnpressroom. blogs. cnn. com/cnn-fact-sheet/，获取时间：2018 年 5 月 20 日。

③ 杜毓斌：《美国有线电视新闻网（CNN）的新媒体转型之路》，《南方论坛》2016 第 4 期。

④ CNN Worldwide Fact Sheet，http：//cnnpressroom. blogs. cnn. com/cnn-fact-sheet/，获取时间：2018 年 5 月 20 日。

不过，在传播层面上，跟全球其他市场相比，英国市场对于 CNN 的重要性则显得并不突出。首先，在英国可以通过有线电视收看 CNN 国际版的节目，即 CNN 国际欧洲/中东/非洲版。但是，CNN 在英国总体收视率不高，通常不是大众收看新闻的首选频道，无法与处于霸主地位的 BBC 相提并论。诺丁汉特伦特大学广播和新闻中心主任卡罗尔·弗莱明（Carole Fleming）接受作者采访时介绍，在英国关注 CNN 的人群主要包括：对新闻感兴趣的受众、少数族裔，以及在英国的美国人等，这些观众通常希望从 CNN 的节目中看到不同于 BBC 和其他国际媒体的角度和观点。

其次，在新闻内容上，CNN 有关英国新闻的报道体量与针对世界其他地区的报道体量大致相当，这一点也体现在其新媒体平台的内容设置上。在 CNN 的网站上点击"WORLD"（国际）进入二级页面，能看到按照国家和区域设置的分类新闻，分别为：美国、非洲、美洲、亚洲、澳洲、中国、欧洲、中东、印度和英国，① 英国新闻专区和其他国家和地区新闻专区并列且排在最后。

前密苏里大学传媒学院助理教授吴莺接受作者采访时分析，作为一家商业媒体，CNN 制定发展战略时的主要考量是商业回报。英国对于 CNN 来说，受众市场较小，总人口只有 6000 多万；同时由于 BBC 的存在，市场竞争非常激烈，因此可预期的投资回报比不高。这也许是 CNN 在英国采取"自然传播"、未做过多投入的原因。

对比 CNN 的业务模式，对于用英语传播的中国媒体而言，一方面可以像 CNN 一样，在专业记者、编辑等人才资源丰富的英国发展建设地区采编制作中心；另一方面学习 CNN 行之有效的全球化、本土化、区域化和差异化战略，特别是针对跨语言对象地区的传播实践，在英国这个重要的受众市场，充分发挥中国媒体机构、特别是传媒企业和民间传播主体的力量，开展文化传播。

（二）新闻集团的国际传播战略

默多克创立的前新闻集团（News Corporation）是全球规模最大、国际化程度最高的综合性传媒公司之一，公司总部位于美国纽约市。2013 年，

---

① CNN 国际版网站，https://edition.cnn.com/world，获取时间：2018 年 5 月 20 日。

前新闻集团分拆为两个公司：新闻集团和 21 世纪福克斯公司。前者主要由前新闻集团的报纸和出版业务构成；后者则承揽广播、电影和电视业务。2019 年 3 月，21 世纪福克斯公司的大部分娱乐和国际资产被迪士尼收购，其余的广播、新闻和体育业务则组成福克斯公司（Fox Corporation），仍由默多克家族控股。

新闻集团旗下控股的公司包括：澳洲新闻集团，该公司是新闻集团总裁默多克在澳大利亚创办的一系列本土报纸的出版商；英国新闻集团（NEWS UK），该公司拥有《泰晤士报》（Times）、《星期日泰晤士报》（Sunday Times）、《太阳报》（The Sun）等新闻和媒体品牌；道琼斯公司，该公司拥有《华尔街日报》等美国报纸；以及哈珀柯林斯出版社。①

英国是新闻集团的主要市场之一，英国新闻集团（NEWS UK）旗下的新闻和媒体品牌同时覆盖高端和低端市场。其中，《泰晤士报》是英国历史最悠久的主流大报之一，主要关注英国本地的政治、社会与文化，被誉为"英国社会的忠实记录者"。该报以权威性、可靠性著称，在全球亦享有很高知名度。《星期日泰晤士报》是英国最畅销的星期日报纸。《太阳报》则是英国最受欢迎的娱乐八卦类小报，每天有 700 多万读者。②

从新闻集团在英国及全球的发展历程来看，其发展战略有以下三个主要特点。

第一，通过并购整合迅速扩张，进入全球市场。以英国为例，1968 年，默多克通过收购《世界新闻报》（该报因窃听丑闻已于 2011 年关闭），顺利扩张到英国。随后又以控股、收购等手段掌控了《太阳报》、《泰晤士报》等老牌报纸。

第二，不断创新，紧跟新技术，开展全媒体经营。在初期，默多克主要以经营报纸为主。20 世纪后期，电视成为新闻集团核心业务。之后随着新技术的发展，卫星电视、互联网等又成为其经营的重点。在收购了一系列本地报纸后，新闻集团于 80 年代在英国创办了天空电视台。1990 年天空电视台和英国卫星广播公司合并组成了英国天空广播公司（后改名为天空

---

① News Corp, https://newscorp.com/about/our-businesses/.
② ABOUT US, https://newscorp.com/business/news-corp-uk/，获取时间：2018 年 5 月 20 日。

公司）。该公司是英国最大的付费数字电视运营商，曾不惜血本为用户免费安装电视机顶盒和卫星天线，将新发展起来的互联网和数字技术与电视相结合，率先开发出了数字电视平台。1999 年，天空广播公司又在互联网和数字技术的基础上，推出了互动体育频道，实现了体育节目的私人订制。[①] 2018 年 10 月，前新闻集团拆分出的公司之一 21 世纪福克斯将所持有的天空公司股权转售给美国康卡斯特（Comcast）公司，才结束了新闻集团对天空公司控股。[②]

第三，深度本地化的运营管理。与其他国家的媒体相比，新闻集团在海外市场的经营本土化程度更高。首先，其收购海外公司、媒体品牌后都交给本地化团队运营，内容、制作等方面均实施本土化策略。员工本地化最大限度节约了成本，内容本土化制作又确保了与当地受众的贴近性。其次，与其他媒体在海外通常使用母公司品牌不同，新闻集团在海外通常发展独立品牌。例如，在英国收购《太阳报》《泰晤士报》等报纸后，都沿用上述报纸的名字，继承其品牌影响力，作为独立品牌经营。

有志于开拓英国等国际市场的中国商业媒体或公司可以学习新闻集团模式，以购买或控股当地媒体品牌的方式迅速进入一个新市场并以商业化、本地化的方式运作。事实上，日本经济新闻社 2015 年全资收购英国《金融时报》、阿里巴巴集团 2016 年收购香港《南华早报》都是采取了类似模式。

三　美国新媒体公司在英国的发展现状

传统上，"媒体"指生产新闻、影视等内容并通过自有平台发布的机构，它们既是"内容提供者"，又是"传播平台"。但新媒体公司的出现使人们开始重新定义"媒体"，新媒体技术公司作为"平台类媒体"出现，内容生产者也不再局限于广播、电视、报纸等高门槛的传统主体，更加趋向于多元化广泛参与，愈发分众化甚至个人化，传播主客体间的互动、转换和协同效应愈发明显。在全球独占鳌头的脸书、谷歌、推特、网飞等美国新媒体公司对英国的传媒产业产生了较大的影响，使传播方式和渠道、内

---

① 任莉：《默多克新闻集团扩张的启示》，《青年记者》2016 年 3 月中。
② Comcast Completes Buy of Majority of Sky SharesComcast Completes Buy of Majority of Sky Shares，https：//www.multichannel.com/news/comcast-completes-buy-of-majority-of-sky-shares，获取时间：2018 年 5 月 20 日。

容制作、媒体运行的模式都发生了颠覆性的变革。

在影视剧制作传播方面竞争则更为直接和激烈。美国流媒体公司网飞、亚马逊等既是全球性的传播平台，也直接进入原创影视内容生产市场。这些美国公司运用强大的资金投入，直接跟 BBC 等传统的影视内容生产和传播平台形成激烈竞争。

（一）社交媒体成为非传统新闻传播平台

脸书、推特、照片墙、优兔发端于美国的新媒体平台对英国年轻一代影响巨大（见图 2-18）。We Are Social 于 2019 年 1 月所做的调查显示，80% 的英国受访网民使用优兔，78% 使用脸书，47% 使用照片墙，46% 使用推特。

以脸书为例，目前在全球拥有近 20 亿用户，[1] 其中，英国活跃用户约为 4000 万，占其总人口的 67%（见图 3-3）。英国年轻人通常是在脸书等社交媒体平台获知新闻事件后，再转到传统媒体去寻求详细的报道。因此，全球各大主流媒体，包括 BBC，都纷纷在脸书上开设了账号甚至账号群，通过该平台分发传播新闻内容产品。

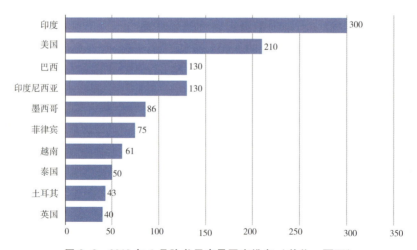

图 3-3 2019 年 1 月脸书用户量国家排名（单位：百万）

资料来源：Statista.

---

[1] Leading countries based on number of Facebook users as of January 2019（in millions），https：//www.statista.com/statistics/268136/top-15-countries-based-on-number-of-facebook-users/，获取时间：2018 年 5 月 20 日。

事实上，在社交媒体传播模式中，新媒体公司提供平台，传统媒体提供内容，两者虽然存在平台竞争，但目前更多是互补合作，暂且能和平共存。英国传统媒体拥有强大的内容原创力，借助社交媒体可以实现全球传播。因此，英国的传统媒体，如 BBC、《卫报》《泰晤士报》等，都很自然地成为了社交媒体的专业"内容提供者"。

数字媒体平台提供新的传播渠道的同时也带来了挑战：首先，在新媒体平台上，内容提供方彼此之间的竞争在地域范围和参与方数量等方面都扩大了，任何私人机构或个人都可以成为内容提供者，而且很少受监管和政策约束，显得更灵活而有创造力，却也极大分散了受众关注，给传统媒体造成巨大的冲击。其次，新媒体平台和传统媒体存在平台竞争。传统媒体仍旧在运营自身的传播平台，不甘心放弃平台的市场占有率、拱手让给新媒体公司。因此，英国的传统媒体和全球主流媒体一样，都在开发和继续运营自己的新媒体平台，如手机应用、网站等。

针对传统媒体普遍反映的与新型媒体面对的监管不均衡、竞争环境不平等问题，英国政府正计划采取一系列措施，加强对社交媒体的监管。例如，成立针对社交媒体的独立监管机构，加强对虐待儿童和恐怖主义等不良内容的检测，雇佣专人审核内容的真实性以防止虚假新闻等。英国数字、文化、媒体和体育部（DCMS）在其 2019 年 4 月发布的《上网危害白皮书》中列出了上述措施，以开展为期 12 周的意见征询（2019 年 7 月 1 日结束）。①

美国新媒体技术公司同样也为中国媒体提供了一个及时触达国际受众的传播渠道和巨大机遇。更多的挑战在于如何做好自身的区分定位，找准英国等海外受众的喜好和关切，提供有价值、有竞争力的产品和服务。

（二）大举进军影视原创内容制作和传播

与在新闻传播领域各扬所长的竞争合作关系相比，英国传统媒体和美国新媒体公司在影视剧领域呈现出更加直接的竞争景象。

---

① DCMS publishes Online Harms White Paper, https://www.bit-tech.net/news/tech/software/dcms-publishes-online-harms-white-paper/1/，2019 年 4 月 8 日，获取时间：2018 年 5 月 20 日。

由于网飞、亚马逊等美国科技公司的进入，包括英国在内的全球影视内容市场竞争日趋白热化。传统媒体和新兴科技公司都争先生产和购买原创节目，并出售自家的订阅服务。全球范围内越来越多的用户正在放弃有线电视，转而订阅网飞等流媒体服务，英国也不例外。由于特殊的语言文化亲近性，英国和美国市场的影视产品几乎可以无障碍流通分享，受众市场高度重合，竞争异常激烈。

美国传统的影视剧生产大户 HBO 在 2016 年投入了约 20 亿美元进行内容生产，① 亚马逊 2018 年的投入达到 50 亿美元。② 最值得关注还是后来居上的原创内容生产大户网飞，2018 年在原创内容上的投入达 120 亿美元，比 2017 年增加了 35%。③

网飞创立于 1997 年，总部设在加州，主要提供在线流媒体服务。尽管流媒体点播发展突飞猛进，但早期的网飞仍然处于产业链下游，只能购买版权，地位弱势，除了缺少议价能力需要支付高额的内容版权外，还面临着内容生产商自建平台而终止合作以及来自亚马逊、葫芦等竞争者的冲击。2012 年开始，不甘只提供渠道的网飞尝试内容生产，推出了其首部自制剧《莉莉海默》（Lilyhammer）。但真正让其声名大噪的还是 2013 年投资的《纸牌屋》（House of Cards），这部现象级美剧让网飞在内容投资方面信心倍增，自此之后大举投资原创，成功从渠道经营转型为兼顾内容生产。据美国商业新闻网站 Quartz 的统计，2018 年网飞推出了近 1500 小时的原创电视剧、电影和其他节目。④ 也就是说，观众每天需要看 4 个多小时，才能在一年内看完网飞所有的原创内容。

---

① 高小倩：《苹果打算投入 10 亿美元做内容，但奈飞和亚马逊预计今年共投入 120 亿美元》，《36Kr》，https://36kr.com/p/5088460.html，2017 年 8 月 17 日，获取时间：2018 年 5 月 20 日。

② Video content budget of Amazon worldwide from 2013 to 2018（in billion U. S. dollars），https://www.statista.com/statistics/738421/amazon-video-content-budget/，获取时间：2018 年 5 月 20 日。

③ Netflix Spent $12 Billion on Content in 2018. Analysts Expect That to Grow to $15 Billion This Year，https://variety.com/2019/digital/news/netflix-content-spending-2019-15-billion-1203112090/，2019 年 1 月 18 日，获取时间：2018 年 5 月 20 日。

④ keeping up with netflix originals is basically a part time job now，https://qz.com/1505030/keeping-up-with-netflix-originals-is-basically-a-part-time-job-now/，2019 年 1 月 1 日，获取时间：2018 年 5 月 20 日。

在英国，近几年网飞投资制作了《黑镜》（Black Mirror），《王冠》（The Crown），《去 XX 的世界末日》（The End of the F...ing World）等高人气剧集，平台在英国受众中的人气也强势增长。[①] 据 Statista 的统计，到 2018 年四季度，网飞全球订阅用户达 1.48 亿，[②] 其中，英国订阅用户高达 2700 万，约占该国总人口的 41%（见图 3-4）。在 2014 年至 2018 年的 5 年中，英国的网飞订阅人数增长了两倍多。

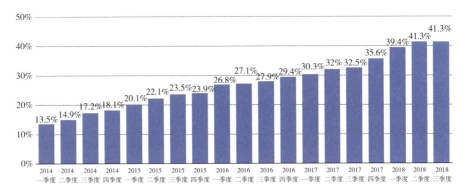

图 3-4　2014 年一季度至 2018 年三季度网飞英国订阅用户与全国总人口的占比
资料来源：Statista.

英国通信管理局 2018 年 7 月发布的报告显示，三大流媒体公司网飞、NOW TV（Sky）和亚马逊 Prime 在英国的订阅量已经超过了付费电视的订阅量。[③] 不过，该报告也同时显示，71% 的流媒体订阅者同时也购买了传统付费电视服务（例如 Sky TV 或 Virgin TV）。虽然目前流媒体与传统付费电视还不是二选一的竞争，但是，网飞、亚马逊等美国流媒体服务的蓬勃发展已让英国本土的传统电视机构感受到巨大压力。

作为应对，BBC 和英国独立电视台（ITV）联合在 2019 年下半年推出

①　赵曦、王廷轩：《网络自制纪录片的产制与运营研究：基于 Netflix 的经验纪录片研究》，《现代传播》2018 年第 8 期（总第 265 期）。

②　Number of Netflix streaming subscribers worldwide from 3rd quarter 2011 to 4th quarter 2018（in millions），https://www.statista.com/statistics/250934/quarterly-number-of-netflix-streaming-subscribers-worldwide/，获取时间：2018 年 5 月 20 日。

③　MEDIA NATIONS：UK 2018，https://www.ofcom.org.uk/_ _ data/assets/pdf _ file/0014/116006/media-nations-2018-uk.pdf，2018 年 7 月 18 日，获取时间：2018 年 5 月 20 日。

BritBox 英国本土流媒体服务，以对抗网飞。目前，ITV 已承诺在未来两年内投入 6500 万英镑。英国通信管理局也表示欢迎 BritBox 提案，因为它希望看到英国的传统媒体机构"能联合起来，通过提供高质量的英国内容，与全球玩家保持同步"。①

在开放但竞争激烈的影视剧市场，有志于此的中国媒体特别是民间资本可以尝试与网飞等美国流媒体巨头或 BBC 等英国本土媒体合作，共同制作或提供有针对性的影视产品，通过强大的本土渠道发布，打造文化影响力，获取经济效益。

第二节　非西方媒体在英国的发展

能够在英国发出与西方主流媒体不同的声音并且占有相当一部分受众市场的他国媒体，一个是总部位于卡塔尔的半岛电视台（AL Jazeera）；另一个就是近年崛起的今日俄罗斯电视台（Russia Today，简称 RT）。

半岛电视台成立于 1996 年。作为阿拉伯世界第一个 24 小时滚动播出新闻的电视台，"半岛台在节目中开创性地引入了电话采访、电视论战等内容元素，尤其在'9.11'之后，多次率先播放本·拉登和其他基地组织领导人的录像声明，从而引起了全世界的广泛关注。"② 在"9.11 恐怖袭击"事件中，半岛电视台几乎与美国 CNN 新闻台同时开始播报，用阿拉伯语记录并播报了纽约曼哈顿遭遇袭击的整个过程，并调动它在世界各地的 27 个记者站进行了 24 小时的滚动报道。

今日俄罗斯电视台是由俄政府斥资 3.5 亿美元打造的一家 24 小时新闻电视台，于 2005 年 12 月在莫斯科正式开播。"成立仅十个年头，今日俄罗斯已在全球 100 多个国家拥有 6.4 亿观众，拥有全球 28% 的有线电视用户。今日俄罗斯电视台拥有英语、俄语、西班牙语和阿拉伯语频道，其中英语还分设了国际和美国两个频道：RT International 和 RT America，前者在华盛顿、伦敦、巴黎、新德里和以色列港口城市特拉维夫有分社，后者以华盛

---

① BBC and ITV team up to launch Netflix rival BritBox, https：//www.theguardian.com/media/2019/feb/27/bbc-and-itv-team-up-to-launch-netflix-rival-britbox，2019 年 2 月 27 日，获取时间：2018 年 5 月 20 日。

② http：//tupian.hudong.

顿分社为基地，在纽约、迈阿密和洛杉矶设有演播室。

2014 年 10 月 30 日，今日俄罗斯电视台专门为英国市场量身打造的英国频道正式开播，成为其第三个英语频道，并表示成立英国频道的目的就是要挑战所谓西方主流媒体对新闻报道的垄断。按照计划，该频道除了提供本土团队打造的英国当地新闻，其他时间则选取全球重大新闻事件，提供与众不同的解读与分析。今日俄罗斯电视台提供的数据显示，英国频道新设立时共有大约 50 个采编人员，覆盖约 90% 的英国家庭，并特别强调该频道是唯一一个把总部设立在英国权力核心位置的电视台，其演播室距离英国最高法院、议会、政府都只有几分钟的路程。

2012 年美国皮尤研究中心的统计数据表明，今日俄罗斯电视台一度成为全球最大的视频分享网站优兔上最受欢迎的新闻台。在英国，今日俄罗斯电视台收视人数达 250 万，已经超过了之前在英国最流行的半岛电视台，成为继 BBC、天空新闻（Sky News）之后的第三大电视新闻频道。"[1]

半岛和今日俄罗斯的成功经验有相似性，各自的办台理念、风格和时代特征又有所区别。两家电视台在英美主流社会的发展历程值得借鉴。

一 发展策略共性

（一）政府对运作经费的保障

今日俄罗斯在 2005~2006 年财政年度预算为 3000 万美元，其后每年预算增长约为 4000 万美元。其运行经费的 50% 左右来自政府，其余来自银行贷款和商业广告收入。今日俄罗斯官方网站的资料显示，2015 年，由于卢布贬值，今日俄罗斯的运营预算折合约为 1.75 亿英镑；而贬值之前，预算相当于 2.22 亿英镑。1996 年，半岛台建台伊始，卡塔尔政府投入的资金就高达 1.5 亿美元，足以使电视台运作五年而全无后顾之忧。[2]

（二）在国际话题的报道中脱颖而出

今日俄罗斯和半岛电视台都是在重大国际事件的新闻报道中崭露头

---

[1] 徐蕾：《我们向"今日俄罗斯"学什么?》，《人民日报海外版》，2014-09-19。
[2] 王磊：《"今日俄罗斯"运营成功经验及其借鉴意义》，《今传媒》，2014-12-05。

角的。今日俄罗斯在乌克兰危机的报道中强力发声，与西方媒体在"克里米亚归属"问题上展开舆论交锋，引起西方媒体和受众的广泛关注。半岛电视台被英美称为塔利班和本·拉登唯一信任的媒体，不断发布关于伊拉克战争和阿富汗战争的独家新闻，令西方媒体望尘莫及。在美英联军对阿富汗实施空中打击开始后，塔利班政权宣布禁止各国记者进入阿富汗境内，半岛电视台则成为唯一一个能够进入塔利班控制地区的电视台。正是凭借这样的优势，半岛电视台在阿富汗战争的新闻报道中能够独领风骚。

（三）本土化和专业化的运作模式

今日俄罗斯在全球 18 个国家设有 23 个记者站，分布在欧洲的伦敦、巴黎，美国的纽约、华盛顿，以及印度新德里、伊拉克的巴格达和乌克兰基辅等地。它在世界各地尽量使用当地记者，甚至不惜重金聘用各国名主播加盟，如成功邀请在 CNN 工作 25 年、有着"王牌脱口秀主持人"称号的拉里·金（Larry King）加盟。"当拉里·金签约今日俄罗斯的消息传出后，英国《泰晤士报》曾发出这样的感慨：'美国最为家喻户晓的电视访谈人物叛逃到了俄罗斯。'"①

半岛电视台则在成立之初以重金从 BBC 阿拉伯语部挖走大批记者，打造阿拉伯世界电视新闻领域的宣传航母。2013 年半岛电视台成功收购了美国前副总统戈尔创立的 Current 有线电视台。其得意之笔是成功挖到 BBC 资深主持人大卫·弗罗斯特（David Frost）。当半岛电视台正式宣布弗罗斯特加盟的消息时，整个英国震惊了。弗罗斯特在西方新闻界与美国的拉里·金齐名，两次获得艾米奖，曾经采访过 7 位美国总统和 8 位英国首相。加盟后的弗罗斯特对半岛电视台给予了极高的评价，称它是"21 世纪第一个也可能是唯一一个全新的国际电视新闻频道"，②并为能同时面向除了英美受众以外的其他 60 亿观众发声表示兴奋。③

---

① 王磊：《"今日俄罗斯"运营成功经验及其借鉴意义》，《今传媒》，2014-12-05。

② 《卡塔尔半岛电视台作为发展中国家媒体成功的原因》，http://news.163.com，2005-11-25。

③ https://www.cbsnews.com/news/al-jazeera-signs-david-frost/.

二 发展策略差异性

(一) 报道原则上的差异

半岛电视台坚持客观独立、全面、平衡的报道方针，使它获得众多西方受众的青睐，这也是其能够突破英美老牌媒体包围脱颖而出的主要原因。而今日俄罗斯则是以鲜明观点争夺话语权，其报道原则是传播"俄罗斯观点"、以"俄罗斯视角"看世界，以此实现提升俄罗斯软实力的目的。

敢于触碰敏感话题是今日俄罗斯的一贯报道原则，无论是 2014 年初的"乌克兰克里米亚危机"还是随后的"MH17 客机坠毁事件"，面对西方媒体对俄罗斯众口一词的批评和质疑之声，今日俄罗斯始终站在俄罗斯立场上，成为国际舆论战场上引人注目的声音。

如果说，半岛电视台的出现，让美国感觉很不舒服；那么今日俄罗斯的出现，让英美感到了震惊。世界已不像过去那样盲目跟从英美这样的西方主流媒体，不同的声音越来越清晰。打开今日俄罗斯网站，映入眼帘的第一句话是"多一些质疑"。这句话既是今日俄罗斯的新闻价值理念，也是其对西方主流媒体新闻报道策略的一种反击。

今日俄罗斯最大的特点，就是对争议性国际事件提供不同于西方媒体视角的独特观点，以鲜明的观点夺取话语权。在斯诺登事件、叙利亚难民问题等重大事件中，总能看到今日俄罗斯的独特报道。关于中亚、北非动荡后的弱势群体的重点报道是西方媒体不屑一顾的内容，却引发了大量关注。今日俄罗斯提供另类视角的另一个方法是邀请话题性人物作为节目嘉宾，吸引观众眼球。

英国的《卫报》曾这样评价今日俄罗斯，"新闻报道应该提供符合报道机构立场的观点，但是像今日俄罗斯这样的观点，无法不令人害怕。"[①] 与西方世界截然不同的报道原则，确实令西方政府感到很头疼。2012 年 4 月，今日俄罗斯开办了新闻访谈类节目《明日世界》(Tomorrow's World)，邀请维基解密创始人阿桑奇 (Julian Assange) 担任主持人。俄总统普京也多次接受该台的独家专访。2016 年 10 月中旬，今日俄罗斯电视台网站发消息

---

① 许华:《"今日俄罗斯"因何异军突起?》,《对外传播》,2014 年第 8 期。

称，今日俄罗斯英国频道收到英国国民威斯敏斯特银行（National Westminster Bank）冻结其在英国所有账户的通知。西方媒体猜测，英国政府控股该家银行，此举或许和俄罗斯与英国在内的西方国家在叙利亚等问题上的分歧有关。2015 年今日俄罗斯通讯社在英国的账户也被冻结。通讯社总裁基谢廖夫（Dmitry Kiselev）因对西方言辞激烈还被列入英国的制裁名单。

今日俄罗斯电视台对英国银行的做法表示强烈不满，同时强调节目制作和播放不会受其影响。据有关数据，今日俄罗斯当时在世界 100 多个国家中已拥有超过 7 亿电视观众，在英国用户超过 250 万，其热门程度不亚于本土媒体。根据 2017 年 3 月益普索公司发布的一项调查结果，今日俄罗斯已经进入欧洲和美国各自最受欢迎的国际新闻频道前 5 名。目前，在英国各地酒店及宾馆电视中，绝大多数都可收看到今日俄罗斯英国频道。[①]

（二）报道风格上的不同

半岛电视台以传统技术条件为依托引入电话采访，以阿拉伯世界的价值观为传播的文化基础。而今日俄罗斯更多采用网络摄像头传输或手机视频连线的方式，形成自身灵活、快捷、节奏性强的报道风格。这种与时俱进的报道方式，决定了今日俄罗斯有更多的体验式的报道。比如记者在报道矿井作业题材时，会下到煤矿矿井的第一线体验矿工生活，并直播自己躺在传送带上感受矿石传送速度的视频。这样的报道方式也决定了今日俄罗斯擅长"讲故事"的基因。比如在对叙利亚难民的采访报道中，记者拿着手机在难民营中穿行拍摄视频，颠簸的画面中呈现出堆积成山的垃圾、难民取食地的污水以及在垃圾堆上打滚嬉戏的儿童，短短几秒钟的画面，细节丰富，故事性极强，触动人心。今日俄罗斯还擅长根据受众可能的兴趣点放大细节，如在 2018 年英国脱欧事件的报道中，今日俄罗斯英国频道曾经放大首相特蕾莎·梅爱换穿时尚高跟鞋这一细节，吸引女性受众的眼球。

再者，今日俄罗斯更多关注海外新闻事件。自从今日俄罗斯英国频道

---

① 法制日报：《媒体战升级"今日俄罗斯"遭停播》，2018 年 4 月 3 日，http：//www.legaldaily.com.cn/international/content/2018-04/03/content_ 7513595. htm。

成为英国分部之后，就开始以 7 * 24 的模式滚动播出，每个整点都有一档半小时新闻。整点新闻后一般是半小时的政治话题对话或是深度调查节目。据深度调查栏目英方制作团队副主编塞巴斯蒂安·帕彻（Sebastian Pache）和制片人彼得·贝内特（Peter Bennett）透露，特别是从 2016 年开始，深度调查的话题主要围绕俄罗斯以外国家发生的重要事件，如英国脱欧、美国大选等，同时也会关注一些英国当地的社会新闻。不少英国高校学者表示，来自俄罗斯的媒体让他们获取了更多的信息和新的视角。

（三）今日俄罗斯更擅用社交媒体

以社交平台为主的"微传播"已经深刻影响了媒体传播方式，成为国际舆论场的传播新手段。今日俄罗斯的新媒体策略十分完善，受众可以通过电脑和手机、平板电脑上的移动客户端观看在线直播，也可以在推特、Google[+]等社交平台上关注其频道主页。

今日俄罗斯非常注重信息产品差异化，有针对性地在不同平台为不同地区的受众提供差异化内容。早在 2007 年 7 月，目前已并入今日俄罗斯的俄新社就在新浪微博上开通了实名认证账号，并发出介绍俄新社情况的第一条博文。同年，今日俄罗斯电视台进入全球最大的视频分享网站优兔，并迅速成为最受欢迎的新闻频道，到 2012 年已经成为该网站最大的新闻视频提供商。到 2013 年 6 月，今日俄罗斯成为在优兔上首个拥有 10 亿观众的网络电视频道，这表明它不用通过任何的落地谈判就轻易突破了覆盖范围的界限，实现了全球化传播。[①] 到 2014 年乌克兰危机事件的时候，已有全球 150 多个国家的 2000 多家媒体成为今日俄罗斯网站的客户，其中包括了美国广播公司（ABC）和福克斯电视网。[②] 在危机事件中，俄罗斯能在欧美民众中获得较高支持率，社交媒体传播发挥了巨大的作用。利用网络信息监管相对宽松的特点，今日俄罗斯为观众提供了大量话题尖锐的视频内容。

通过与优兔、脸书、推特等社交媒体联合扩展传播渠道，今日俄罗斯打破了传统电视的时空局限，与全球受众形成良性互动，建立起一个多元化的社交传播体系。

---

① 谢新洲：《"今日俄罗斯"何以让西方紧张》，《人民日报》，2014-05-19。
② 黄鹏：《"今日俄罗斯"成功原因及启示》，《对外传播》，2014 年第 9 期。

第三节　外国媒体在英国发展的可借鉴经验

外国媒体在英国的业务发展和影响力建设给中国媒体发展对英业务提供了以下借鉴。

一　体现独特的报道视角

无论是广播、电视还是报纸，新闻类节目都应提供独特的视角。今日俄罗斯、半岛电视台和 CNN 的实践均证明了差异化内容和视角的价值。中国的电视新闻媒体如果在英国落地，也应借鉴类似经验，为受众提供不同于其他媒体的、中国的角度。

目前，中国媒体大力拓展海外节目制作室和记者站业务。在海外，特别是英美这些主流对象国，面对西方世界传统强势媒体的重重包围，如果跟随他人的议题设置进行报道，甚至人云亦云，注定无法形成影响力。只有在遵循新闻规律的前提下，增强议题设置能力，发出个性化的声音，体现独特的视角，才能具有与知名西方媒体竞争的可能。

随着中国国际影响力的迅速提升，全球受众希望并需要了解真实的中国，听到中国的主场观点。在重大事件中发出中国的声音，是完全有可能拥有观众的。[①] 另外，对于敏感话题主动出击，设置议题，尊重客观事实、多角度的平衡报道比一味地正面报道更有利于增强中国媒体在海外的公信力、影响力和传播效果。

二　进一步强化本土化运作

本土化是多家国际主流媒体在国际传播中共同采用的策略。新闻集团是深度本土化的代表，通过并购或控股当地报纸的方式，直接进入英国等对象国市场，经营当地媒体；在英国成立英国新闻集团公司，专门负责英国的业务；使用本土团队、本土化语言、报道本土内容。本土化的运营和管理，在节约成本的同时，保持了内容产品与当地受众的贴近性。新闻集团旗下的英国报纸都是有影响力的主流报纸。该集团在美国、澳洲也都采

① 《美改革"宣传喉舌"对付中俄》，《环球时报》，2014 年 7 月 31 日。

用同样的战略，创造了多个成功案例。

CNN 也是跨国媒体实施本土化战略的典型代表。CNN 在全球 30 多个城市设有编辑部或办事处。全球 3000 多名雇员中，相当数量的记者都是从当地或该国、该地区雇佣。其新闻评论的嘉宾也经常来自新闻发生地。另外，主持人也体现本地化特征，既有白人，也有亚裔、非洲裔，常常分别出现在相应地区的黄金时段。人员本土化，缩减成本的同时，增加了节目的贴近性和可信度，提升了报道的速度、深度和准确度。

另外，从半岛电视台和今日俄罗斯挖角 BBC 与 CNN 当家主播的例子不难看出，用西方媒体行业的"门面"、对象市场的"本土"面孔来代言和影响对象地区受众，不仅会产生轰动的新闻价值，也更容易达到立竿见影、事半功倍的传播效果。本土化是跨国媒体实现资本全球化的文化策略，是将外国媒体的内容与本地的语言、风格和文化习俗配合起来而形成的"混杂体"。①

中国媒体在海外发展，从编辑团队到内容制作，都应更加贴近当地受众。应从受众的需要和关注点出发，用贴近当地受众习惯的内容风格与播报方式、启动具有相同文化背景的主持人和记者，这些要素叠加在一起才有可能发生化学效应，真正做到令受众愿意听、乐意看、能接受，从而改变西方受众对中国媒体的刻板印象以及对中国的片面甚至错误认知。

三　与美国新媒体平台公司合作

美国作为互联网的发端之地，产生了脸书、推特、苹果、谷歌等多家全球性科技巨头和新媒体平台，基本垄断了英国的新媒体平台市场，不仅英国本土没能催生竞争平台，全球范围也基本不可能再有新的同类型公司与之抗衡。

尽管如此，美国新媒体公司作为传播平台提供者，却为中国媒体在英国和全球传播开辟了全新的渠道，例如，利用社交媒体平台，发布和传播新闻等各类图文和视频产品；在苹果播客等播客平台开展音频传播；与网飞等流媒体公司进行影视内容制作和传播合作。目前，对于中国媒体的挑

---

① 《引进节目为中国电视带来了什么？》，http：//www.cctv.com/tvguide/tvcomment/wtjj/xzlz/10179_3.shtml，2005 年 1 月 20 日，获取时间：2018 年 5 月 20 日。

战主要在于：如何加强内容的策划创作，在这几类强大的第三方新媒体平台上，推出有影响力、传播力的内容产品。

（一）社交媒体平台传播：细分市场

对于英国的年轻一代，通过社交媒体了解新闻和各类资讯已成为习惯。利用社交媒体传播也已经成为全世界媒体的共识，甚至把脸书和推特作为发布新闻的首选平台。社交网络平台的全球性不受地理位置限制，有利于跨国媒体的全球传播。包括 CNN、BBC、今日俄罗斯在内的所有国际媒体几乎都在使用脸书、推特、优兔照片墙等新媒体和社交媒体平台分发其内容产品。因此，中国的媒体想要吸引英国受众，特别是年轻受众，社交媒体是目前最重要的渠道之一。对受众市场进行细分，针对不同地域、需求，推出差异化的内容，应是下一阶段的重点。

首先，按国别或地域细分，推出针对性内容。今日俄罗斯除了在脸书平台上开设了针对全球英语受众的账号 RT（2019 年 5 月粉丝 540 万）外，还专门设置了针对英国受众的账号 RT UK（2019 年 5 月粉丝 36 万），主要发布与英国相关的内容。CNN 等美国商业媒体没有针对英国受众推出专门的社交媒体账号，但针对跨语言和文化的市场推出了西班牙地区的西语脸书账号 CNN en Español（2019 年 5 月粉丝 1200 万）和针对非洲受众的账号 CNN Africa（2019 年 5 月粉丝 54 万）等。此外，美国《纽约时报》在脸书平台上开设了多个账号，包括专门针对中国受众的中文账号 The New York Times Chinese-Simplified "纽约时报中文网"（2019 年 5 月粉丝 18 万）。中国的媒体若考虑开设专门面向英国受众的社交媒体账号，深耕内容创作和互动量建设，将会产生比传统广播电视落地更好的事半功倍的效果。

其次，按照内容类别开展分类传播，满足受众的不同需求和喜好。CNN 在社交媒体上，除了针对不同国家和地区的账号外，还有专门发布突发新闻、音乐、旅游、商业等内容的分类账号，如脸书账号 CNN Business（2019 年 5 月 580 万粉丝）和 CNN Travel（2019 年 5 月 110 万）。而美国之音有英语学习类脸书账号 VOA Learning English（2019 年 5 月粉丝 260 万），针对全球学习英语的受众。

社交媒体上的内容竞争越来越激烈，对受众市场按照国别、地域、爱好、需求等维度进行细分，并推出有针对性的内容产品，将会是下一阶段竞争的焦点，也是中国媒体需要重点考虑的方向。

（二）播客：广播的新媒体平台

英国是一个有着深厚广播收听传统的市场，这一传统在 DAB 数字广播、互联网、播客、以及智能音箱等音频行业的新领域得到了保持和发扬。Statista 2018 年一季度各国播客收听行为对比调查显示，有 18% 的英国受访者在接受调查前的一个月中收听过播客（见图 3-5）。

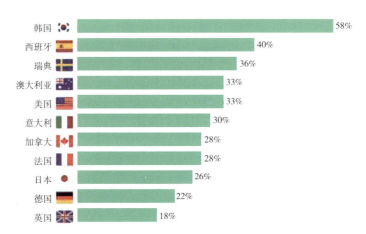

图 3-5　2018 年一季度各国受访者中播客收听人数占比排名
资料来源：Statista.

英国通信管理局 2018 年 9 月的数据显示，英国的播客用户在 5 年中翻一番，每周收听播客的人数达到了 11%，接近 600 万人。[①]

Podcast 一词是由 IPod 和 Broadcast（广播）两个词合并而来，指的是定期发布于相关网络平台、可供受众在线或下载收听的声音产品。苹果、声田、Stitcher 等播客发布平台为传统广播媒体提供了全新的、无国界的传播渠道。并且，多数播客平台与脸书、推特、照片墙等视频和图文传播平台一样，对发布者免费。美国全国公共广播电台 NPR 作为播客的先行者，借

---

① Podcast listening booms in the UK，https：//www.ofcom.org.uk/about-ofcom/latest/media/media-releases/2018/uk-podcast-listening-booms，2018 年 9 月 28 日，获取时间：2018 年 5 月 20 日。

此到达了包括英国在内的全球受众，形成了良好的口碑和影响力，成本低、投入小、到达直接。

在播客平台的选择上，由美国苹果公司开发、苹果手机自带的应用"苹果播客"（Apple Podcast）是目前全球最知名的播客平台，也是众多媒体、音频制作者首选的播客发布平台。其他热门播客平台还包括声田，一家成立于 2006 年的瑞典公司，主要提供音乐服务及播客节目。到 2019 年 4 月，该公司月活跃用户超过 2 亿，付费订阅用户达到 1 亿。[①] 据 We Are Social 在 2019 年 1 月针对英国市场的调查结果，声田位列用户最活跃的手机应用第 9 名（见图 3-6）。

应用名称	开发者
01 WHATSAPP MESSENGER	FACEBOOK 脸书
02 FACEBOOK 脸书	FACEBOOK 脸书
03 FACEBOOK MESSENGER	FACEBOOK 脸书
04 INSTAGRAM 照片墙	FACEBOOK 脸书
05 AMAZON 亚马逊	AMAZON 亚马逊
06 EBAY	EBAY
07 SNAPCHAT 色拉布	SNAP 色拉布
08 TWITTER 推特	TWITTER 推特
09 SPOTIFY 声田	SPOTIFY 声田
10 BBC NEWS	BBC

图 3-6 2019 年 1 月英国 APP 月均活跃用户数排名

资料来源：We Are Social.

为英国受众策划制作播客节目时应注意以下几点：第一，针对受众需求和兴趣点进行内容设计。根据英国通信管理局 2018 年的调查，最受英国

---

① Spotify hits 100 million subscribers, reports revenue jump, https：//www. reuters. com/article/us-spotify-tech-results/spotify-hits-100-million-subscribers-reports-revenue-jump-idUSKCN1S50TH，2019 年 4 月 29 日，获取时间：2018 年 5 月 20 日。

受众欢迎的播客类别是喜剧，其次是以音乐、电影和电视为主题的播客。①
此外，从 BBC 和 NPR 在苹果播客上的表现来看，英国受众对科技、体育、
经济、时政、艺术、心理等主题的播客也都有广泛的兴趣。

2019 年 5 月，进入英国苹果商店的热门播客排行榜前 10 名的三档 BBC
播客栏目中 13 Minutes to the Moon 是科技类播客，是关于人类首次登月的纪
实作品；That Peter Crunch Podcast 是足球主题的聊天、脱口秀；Desert
Island Discs 则是关于音乐艺术的访谈。

NPR 在英国受众中最受欢迎的播客栏目包括：经济类访谈 How I Built
This with Guy Raz，讲述世界知名公司背后的故事；知识普及类播客 TED
Radio Hour，讨论各类知识性话题；经济知识普及类的 Planet Money，以轻
松的方式观察和分析日常经济生活的现象；The NPR Politics Podcast 是由
NPR 时政记者畅聊新闻的资讯类播客；Fresh Air 则是对当代艺术家的亲密
访谈；而 Hidden Brain 也是通过访谈和案例，揭秘人类行为后面的心理
模式。

值得注意的是，2018 年全球下载量最高的 NPR 播客栏目，几乎都出现
在英国苹果播客商店最受欢迎 NPR 播客榜单中，但有一个例外，即 2018 年
全球下载量排第 8 位的 NPR 播客 Up First，一个主要以美国新闻为主的新闻
类播客。也就是说，英国对关于其他国家的新闻兴趣有限。

第二，新媒体受众爱看短视频但爱听长播客，深度访谈、脱口秀和纪
录片等都是较受欢迎的形式。前面提到的 BBC 和 NPR 的热门播客栏目每期
大都在 40~60 分钟之间，几乎都是关于某个主题或话题的深入访谈、聊天
等，通常都有一位或多位嘉宾参与访谈、采访或讨论。

另外，借助网络传播的播客相对传统广播节目与受众更贴近，风格上
更轻松而亲密，并大多以新颖、有趣的方式切入主题。例如，Planet Money
的简介是：想象你打电话给朋友说"来酒吧跟我讲讲最近经济啥情况吧"。
而 Desert Island Discs 每期节目都邀请嘉宾围绕"如果去一个沙漠之岛，你
会携带的八首歌、一本书、一件奢侈品"，分享自己的故事。

---

① Podcast listening booms in the UK, https://www.ofcom.org.uk/about-ofcom/latest/media/media-releases/2018/uk-podcast-listening-booms, 2018 年 9 月 28 日，获取时间：2018 年 5 月 20 日。

第三，英国的播客受众相对广播受众也更年轻。根据英国通信管理局2018 年调查显示（见图 3-7），英国近一半的播客用户年龄在 35 岁以下，并且近五年来 15~24 岁人群的播客用户增长最快，近五分之一（18.7%）的人每周都会听播客。播客产品想取得好的反响将需要更多关注并更敏锐地把握年轻人群的兴趣点。

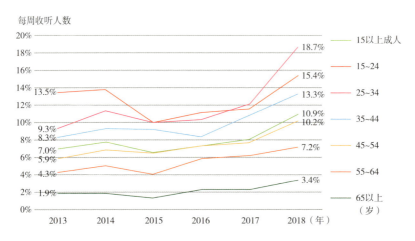

图 3-7　2013~2018 年英国播客受众年龄段分布
资料来源：RAJAR，每年一季度。

（三）流媒体巨头：影视剧内容合作

影视剧方面，美国网飞、亚马逊、苹果、谷歌等新媒体平台公司以及HBO 等传统影视剧制作媒体均在内容制作上进行了大规模投入，占据着英国市场的半壁江山，优势地位极难撼动，英国本土的影视制作传播机构也感到巨大竞争压力。

中国媒体机构和公司可以探索与网飞和亚马逊等新媒体公司合作，通过共同投资制作或版权交易形式，将中国题材的优秀影视剧、纪录片等原创内容通过各大流媒体平台对外传播。

2019 年 2 月 12 日，纪录片《舌尖上的中国》第一、二季的总导演陈晓卿和其团队的新作《风味原产地·潮汕》通过授予网飞全球版权，面向 190多个国家和地区播出，目前已被翻译成 20 多种语言。这部"风味"系列的作品是网飞购买的第一部中国原创纪录片。① 此次合作为中国媒体机构和公司开启了一条新的市场化国际合作之路。

综上，借力社交网络提升产品触达率和品牌效应是成本低廉、迅速扩大传播范围的方法。中国媒体应该充分利用对象国热门新媒体平台，早日实现从"平台运营兼内容制作者"到"内容产品提供商"的转型，打造核心产品，令对中国感兴趣的新媒体受众能轻松下载收看、及时体验到高质量的音视频产品。此外，应继续探索与 BBC、CNN、半岛电视台、今日俄罗斯各大国际媒体合作，共同制作内容，通过各自平台共同传播，达到影响力最大化。

一些简便易行的营销手段也很值得借鉴。比如目前，乘客在伦敦火车站、地铁站以及伦敦市政府下属的出租车公司运营车辆中都可以看到今日俄罗斯的节目。CNN 也通过 CNN 的机场电视网覆盖了世界多个国际机场。

回顾半岛电视台与今日俄罗斯电视台在英美的发展历程以及它们与西方政府和媒体的多次摩擦与交锋，其背后不仅暗含着东西方媒体、西方传统大国与新兴市场国家之间国际传播力的较量与价值观的冲突，也表明媒体市场格局正在发生剧烈变化。如何能够在巨变中后来居上是有国际视野的中国传媒人必须思考的课题。

---

① 刘玮、武芝：《Netflix 收购陈晓卿"风味"系列美食纪录片》，新京报网：http://www.bjnews.com.cn/ent/2019/02/15/547294.html，2019 年 2 月 15 日，获取时间：2018 年 5 月 20 日。

第四章 中国媒体对英国传播力研究

近年来，随着中国经济实力和国际影响日益增强，伴随着中国企业"走出去"的脚步，中国媒体也逐渐"走出去"，落户四方，连接中外，沟通世界，这是全球化的自然结果，也反映着国与国文明交流互鉴的必然诉求。

2014 年 8 月 18 日，习近平总书记主持召开中央全面深化改革领导小组第四次会议时指出，要着力打造一批形态多样、手段先进、具有竞争力的新型主流媒体，建成几家拥有强大实力和传播力、公信力、影响力的新型媒体集团，形成立体多样、融合发展的现代传播体系。2016 年 2 月 19 日，习近平在北京主持召开党的新闻舆论工作座谈会时强调，要加强国际传播能力建设，增强国际话语权，集中讲好中国故事，同时优化战略布局，着力打造具有较强国际影响的外宣旗舰媒体。2018 年 3 月，根据《深化党和国家机构改革方案》，中央广播电视总台宣布成立，将中央电视台（中国国际电视台）、中央人民广播电台和中国国际广播电台三台合一，致力于打造国际一流、新型主流媒体，英文名为 China Media Group。

英国是西方媒体的主要基地之一，路透社、英国广播公司（BBC）、《卫报》《每日电讯》《泰晤士报》《经济学家》《每日邮报》《金融时报》①等世界知名媒体汇聚于此。中国媒体近年来在英国取得的发展在一定程度上体现了中国在当今世界大潮中开拓进取、奋勇前行的气魄，也反映了西方社会对中国认知度和接受度的正向变化。

本章将通过对部分中国驻英媒体的案例分析，结合自主开展的英国受众涉华信息偏好及消费习惯调查结果，分析中国主流媒体在英传播力建设的现状、中国驻英媒体融合发展的趋势、与英国当地媒体的合作和竞争模式，以及在新的国际形势下所面临的挑战和机遇。

---

① 现已被日本经济新闻社收购。

第一节　中国主流媒体英国业务的发展现状

目前，在英国设有本土机构的中国媒体，包括《人民日报》、新华社、中央广播电视总台、《中国日报》、中国新闻社、《光明日报》、《经济日报》《科技日报》，以及凤凰卫视、网易、《大公报》等。

中国驻英媒体机构主要是记者站形式，承担采编报道任务。在对英传播力和影响力建设方面，新华社驻伦敦分社和《中国日报》驻欧洲分社近年来取得了较为显著的成果。

一　中国驻英媒体机构概况

（一）新华社驻伦敦分社

近年来，新华社驻伦敦分社在英国当地的影响力不断扩大，订购新华社新闻产品的英国用户数量保持稳定增长。中国驻英使馆官方统计数据显示，目前，直接从新华社伦敦分社订购新华社新闻的用户就有 10 多家，包括路透社、英国国家通讯社、BBC、英国天空电视台、《简式防务周刊》、《每日电讯报》、《每日邮报》、thebricspost.com、SWNS 媒体集团、KVH 媒体集团等。与此同时，英国的部分媒体也通过其驻华记者站直接在北京订购新华社新闻。不少英国媒体将新华社视为中国的官方通讯社，通过密切跟踪新华社新闻来了解中国政府的政策宣示。[1]

伦敦分社是新华社在境外最早建立的分社之一，派驻 15 人左右，隶属于欧洲总分社，至今已有 60 多年历史，在传递中国声音、推动中英交流和加固两国人民的友谊等方面做出了重要的贡献。

（二）《中国日报》欧洲分社、欧洲版编辑部和英国公司

《中国日报》于 2010 年在欧洲建点，选择伦敦成为其欧洲总部所在地，建立了欧洲分社、欧洲版编辑部和英国公司。《中国日报》欧洲分社暨英国公司的采编队伍约 11 人，由总社派出社长和副社长。欧洲分社注重采编业

---

① 文中数据来自笔者 2016 年 9 月 13 日对中国驻英国大使馆新闻处邮件采访所获取资料。

务前移和本土队伍的培养，基本形成了全媒体采编力量，实现网络和社交媒体发稿本地化，并与北京总社及纽约分社联合，形成了 7×24 小时全时段覆盖发稿。此外，该分社也利用英国智库及外籍自由撰稿人等资源，为总社中央厨房提供多媒体内容。

据官方统计数据显示，《中国日报》欧洲版于 2010 年 12 月创刊，是目前欧洲主流报业唯一来自中国的英文报纸，主要提供针对欧洲高端受众的政策解读、深度分析、中国视角的观点和综合报道。《中国日报》欧洲版共有 7 个印刷点，通过签约发行商和零售等渠道覆盖欧洲 27 个国家及欧盟等国际机构。根据国际发行审计署（BPA）统计数据显示，截至 2018 年底，该报每期平均发行约 12 万份。2011 年，《中国日报》欧洲版获英国报业发行协会颁发的"年度最佳新出版物奖"和"简明英语运动"授予的"年度国际媒体奖"；2014 年，《中国日报》欧洲版获得英国报业年度"最佳国际报纸奖"；2016 年，该报获得英国报业年度"最佳国际报纸奖"二等奖。[①]

2016 年 9 月 1 日，《中国日报》英国版创刊，每日出版全彩对开 12 版，周一至周五发行，周五夹送《欧洲版》精华版。首期印刷 1 万份，在大伦敦地区发行，之后逐步辐射到英国其他地区，并覆盖英国主要的政治、商业、学术研究和国际组织等机构。中国驻英大使刘晓明给创刊号撰写的评论文章《共同谱写中英关系崭新篇章》在北京和伦敦两地同期刊发，被英国《卫报》等外媒转载 352 次。[②]

2019 年 1 月 2 日，《中国日报》整合了包括英国版在内的多个海外版资源后正式推出国际版，周一至周五出日报，周五增出周末版，每期平均总发行量 30 万份，覆盖 63 个国家和地区。

（三）中央广播电视总台驻英国记者站和本土化落地传播

中国国际广播电台驻英国记者站建立于 1997 年 3 月 20 日；截至 2019 年 6 月，共有 15 位记者在该站工作过。中国国际广播电台英国站主要负责发回关于英联邦事务及国际经济和金融问题的相关报道，报道范围还包括除英国以外的爱尔兰、丹麦、挪威、瑞典、冰岛、直布罗陀等国家和地区。具体来说，

---

① 文中数据来自笔者 2016 年 9 月 13 日对中国驻英国大使馆新闻处邮件采访所获取资料。

② 同上。

该站为中国国际广播电台北京总部提供对象国政治、经济、社会、文化、体育赛事等的文字、图片、音视频等各类稿件。① 中国国际广播电台伦敦节目制作室成立于 2015 年，截至 2018 年，每天制作、播出 23 小时本土化资讯、谈话、音乐节目，在 DAB 数字台播出。制作室于 2019 年停止运营。

中央电视台欧洲中心站建立于 2008 年 4 月，驻地伦敦，负责协调和支持央视记者在法国、德国、比利时、俄罗斯等欧洲各国进行采访报道工作。截至 2019 年 4 月，央视欧洲中心站为 20 人左右规模，中国国际电视台（CGTN）60 余人。CGTN 在英国当地的天空电视台（Sky TV）上每天 24 小时播出北京总部和北美分台、非洲分台分别制作的节目。

二　中国对英传播的全媒体实践

近年来，中国多家媒体都在积极开展对英传播的全方位探索：广播节目视频化、广电"先网后台、网络优先"、借主流平台合作发声、从线上扩展到线下等，呈现出一片活跃的跨界景象。

（一）中央广播电视总台对英传播的全媒体探索

中国国际广播电台对英传播经历了从单一广播到全媒体、再优化为聚焦播客与合作传播的变化。自 2014 年 6 月 16 日起，中国国际广播电台先后租用英国光谱广播公司位于伦敦的 AM558 中波台和 DAB 数字广播台，分别播出每天 10 小时中国国际广播电台英语中心制作的节目和每天 12 小时伦敦制作室制作的本土化节目，包括新闻、资讯、文化专题和音乐等。后中波节目停止，数字台扩容至每天 23 小时，直至 2018 年底。

除广播以外，中国国际广播电台还曾陆续尝试通过网络视频和电子杂志等扩大对英传播。2014 年 5 月 11 日至 2015 年 5 月，中国国际广播电台《小议中国事》视频脱口秀等栏目授权英国普罗派乐卫视播出。2015 年 10 月，中国国际广播电台在伦敦 IPTV 电视频道 Sino 上线，2016 年租赁当地主流 Freeview 视频播出平台，进入约 100 万户伦敦家庭，在内容上尝试广播节目视频化同步直播，此外集成第三方视频和网络节目资源，播出英文版中

---

① 文中数据来自中国国际广播电台驻英国记者站。

国影视剧，当年完成 800 小时的节目集成和发布。①

2015 年 10 月，习近平主席访英前后，中国国际广播电台在 Classic FM 古典音乐台和 LBC 伦敦 FM97.3 新闻时事谈话台播出 21 集"你好伦敦"微专题，主要互动平台 China Plus 脸书账号互动量达 11 万次。② 2018 年四季度，中国国际广播电台制作推出了一批介绍中国国乐、文学、国学、经济、都市生活的播客产品，投放苹果播客英国市场，部分栏目得到连续数周首页推荐。

视频业务方面，2016 年 1 月 1 日起，总台国际视频通讯社开始授权 BBC 使用其新闻供稿服务，BBC 电视一台、二台、世界新闻频道和 BBC 英文官网、中文网及社交平台等主要电视频道和新媒体平台均可使用总台新闻素材。据统计，2018 年 1 月 1 日至 12 月 31 日，BBC 共计有 12 个电视频道使用总台的新闻素材 4133 条次、25475 次，总时长达 112 小时。

此外，央视纪录频道自 2011 年开播以来，与 BBC 联合摄制了共计 38 个小时的多部纪录片，包括《蓝色星球 2》《王朝》《猎捕》《隐秘王国》《非洲》《生命的奇迹》《改变地球的一代人》等，在多个国际主流电视平台播出，斩获众多国内外奖项。

2016 年，BBC 通过英国雄狮影视制作公司与中国五洲传播中心和央视合作，拍摄了反映中国传统习俗和当代发展风貌的 3 集纪录片《中国春节》，在 BBC 等英国及欧洲主流媒体播出。2017 年和 2018 年春节期间，央视与 BBC 进一步合作，在 BBC 国际新闻频道播出"春晚"海外宣传片，覆盖欧洲、北美及亚太地区，集中向海外观众推介"春晚"品牌。

总台位于伦敦的 CGTN 欧洲分台区域制作中心 2018 年开始启动升级改造，当地时间 2019 年 10 月 7 日进入试播阶段。欧洲区制中心第一阶段将每天制作一小时电视节目。周一至周五重点打造财经杂志类节目《全球财经（欧洲版）》，以中国视角报道欧洲地区的重大财经新闻。周末除参与 CGTN 全球接力新闻播报外，还将推出访谈节目《议程》和展示最新科技发展趋势的专题节目《"锋"向标》。区制中心新媒体将瞄准欧洲主流观众和用户发力，在参与 CGTN 主网页运营的同时，推出欧洲地区二级网页以及脸书、

---

① 文中数据来自中国国际广播电台驻英国记者站。
② 黄廓：《中国国际广播电台以系列微专题节目创新时政报道》，《广播电视改革与创新（2017）》，中国广播影视出版社，2017 年 12 月第一版，第 30~33 页。

推特、优兔和照片墙等社交媒体的欧洲区域账号。

新建成的欧洲区制中心首次采用了目前全球最先进的新闻制作集控系统和自走机器人摄像机，还部署了总台最新研发的融合媒体生产平台，实现了电视、社交媒体、网络和移动客户端跨平台互动连通，以及北京、伦敦、内罗毕、华盛顿全球四地协同生产和资源充分共享。

（二）中国纸媒的英国本土化建设

中国驻英媒体机构传统上以承担采编报道任务为主，近年来也多结合自身发展的实际和特点，通过建立本土媒体中心、寻求内容落地、与英国当地媒体及企业加深交流合作，大力推进本土化建设。

1. 《中国日报》在英国的本土化发展

《中国日报》欧洲分社用近 10 年的时间在英国和欧洲大陆建立了相应的印刷发行网络。整合了原有美国版、英国版、欧洲版、亚洲版、东南亚版、非洲版、拉美版和加拿大版等多个海外版本的《中国日报》国际版 2019 年 1 月 2 日创刊，目前在英国和欧洲印刷量维持在每期 2 万份，周末 3 万份，在伦敦、曼彻斯特、伯明翰、都柏林、布鲁塞尔、法兰克福等近 30 个城市发行，同时依托 6 家发行商在英国境内开展零售、摆放以及订阅业务，目前在英国有 300 多个零售网点，主要分布在英国连锁书店集团 WHSmith 人流量较大的交通枢纽店，此外还覆盖了 30 多个教育机构，以及全英 20 余家航空公司及欧洲之星的贵宾休息室、登机口和部分航线。

《中国日报》与英国电讯报媒体集团从 2011 年起开展合作，在其新闻版面夹送出版中国国家形象专刊《中国观察》；2015 年在《每日电讯报》网站开设专属子网，每天向该网站 2500 万名受众重点推送关于中国经济社会发展和中英、中欧关系的报道，每周推出系列重点策划稿件。2015 年习近平主席访英期间，该网站"中国观察"频道刊发相关报道 230 余篇。2016 年 8 月 22 日，《中国日报》与电讯报媒体集团签订了战略合作协议。2018 年 11 月，与总部在伦敦的《纽约时报》国际版签订了合作协议，在其新闻版面夹送出版中国国家形象专刊《中国观察》，并同时在《纽约时报》网站开设专属子频道。

除了携手媒体同行，《中国日报》也积极寻求与英国当地企业的合作，以便更好地介绍和推广中国的资源和信息，促进中英双方在各领域的交流合作。2013 年,《中国日报》欧洲分社与英国致同会计师事务所合作创办"投英活力榜",通过对在英国注册备案的中资大型企业进行跟踪分析,评选、表彰在英业务增长最快的中资企业,截至 2019 年已成功举办了七届。2015 年 7 月,《中国日报》欧洲分社与英国旅游企业 talkholiday 共同倡议推出了中英企业联盟平台"中国汇"(China Club),初始参与成员包括中国移动英国公司、英中旅、英国帝盛酒店集团及英国比斯特购物村等。"中国汇"一方面,通过举办商贸、旅游等系列交流活动挖掘中英贸易和旅游市场开发过程中的亮点,讲述中英两国企业和品牌在对方国家的成长故事,展示双边经贸不断增长的活力;另一方面,平台也通过与企业成员进行信息分享,为成员提供优质服务和产品等,努力打造中英、中欧间商贸和旅游往来的重要渠道。①

2.《人民日报》和人民网与《每日邮报》集团的合作

2015 年 1 月,人民网与英国《每日邮报》网站邮报在线签署备忘录,开启非时政类新闻的交换,日常对英提供的新闻主要有社会热点、普通中国人的故事等。2015 年 10 月,习近平主席访英前后,人民网尝试了重大事件的新闻推送,"中国国家主席访英提到的人和事"、"英超联赛获中国球迷支持"和视频"今天中国人关注英国的什么"三篇重要稿件被《每日邮报》在线引用转载。

据人民网刊文报道,截至 2016 年 8 月,《人民日报》与邮报在线每周互相交换约 40 篇报道,内容覆盖时政、旅游和生活类新闻等,软性新闻最受欢迎。该文援引邮报在线主编马丁·克拉克的话,认为中英两国新闻机构之间的内容交换合作拓宽了双方媒体的报道范围,同时也有助于彼此更好地认识、理解不同国家的政治和社会生活。并且,这一合作并不会影响媒体本身的独立性。② 对于邮报在线来说,与《人民日报》达成的内容共享协议能够丰富网站内容,推动《每日邮报》在线阅读量的增长,吸引在线广告投放等。该协议对中国向国际社会展示社会文化与政治经济发展、提升国家形象等都将起到有效的推动作用。③

---

① 《中国日报与英国企业联合推出"中国汇"平台》,http://www.chinadaily.com.cn/interface/toutiao/1138561/2015-7-30/cd_21435801.html。
② 《〈每日邮报〉联姻〈人民日报〉拓宽合作加强理解》,http://media.people.com.cn/n1/2016/0816/c40606-28640608.html。
③ 同上。

2016 年与 2017 年，《每日邮报》前执行总裁盖伊·齐特（Guy Zitter）与总经理詹姆士·里夫（James Leaver）连续两年作为特邀嘉宾参加人民日报社主办的"一带一路"媒体合作论坛并发表演讲。2017 年 6 月，双方续签为期两年的第二期合作备忘录，合作意向扩展到广告和投资等商业合作领域。

2018 年底，人民网英国公司和英国《每日电讯报》签署协议，人民网英语新闻落地《每日电讯报》网站，2019 年一季度在《每日电讯报》网站上发布 92 篇文章，话题覆盖中国脱贫攻坚和经济发展成果等。2019 年下半年起，人民网视频也将开始落地《每日电讯报》网站。借助该网站的搜索引擎优化技术，人民网的相关文章页面也会在谷歌等搜索引擎的首页位置体现。

（三）驻英媒体机构积极开展线下主题活动

中国各驻英媒体在大力推进自身媒体建设及加快本土化进程的同时，也积极开展了形式多样的线下活动，通过与同行或驻在国受众面对面交流，及时掌握行业发展动态、破解作为外来媒体的融入性困境等实际问题。

例如，2014 年 1 月，由环球时报社和中国新闻社主办的首届"中英媒体论坛"在伦敦举行。该论坛活动邀请了来自中英两国约 20 位媒体界高层人士，围绕媒体眼中的中英关系、社交与主流媒体应对受众分化、中英媒体合作等话题进行了切实有效的交流。

中国驻英使馆大力支持的《中国日报》中资企业"投英活力榜"已连续举办了七届，使馆文化处和教育处支持的《中国日报》莎士比亚和汤显祖逝世 400 周年纪念等双边主题文化交流活动也取得了积极的影响。①

三　中国媒体对英传播面临的挑战及发展思路

近年来，中国媒体在英国的传播力和影响力取得了长足进步，但随着传播平台及覆盖面的扩展，中国媒体，尤其是驻英媒体中心，也受到更为严格甚至苛刻的政策约束。与此同时，中国媒体对英传播还面临着固有的发展瓶颈和限制，西方媒体、监管机构、受众等仍对中国媒体持有较深的不信任或偏见。因此，处在对英报道和传播前沿的中国媒体驻英机构及区域媒体中心应确切把握英国媒体和受众市场的规律和变化，以确保传播工

---

① 文中数据来自笔者 2016 年 9 月 13 日对中国驻英国大使馆新闻处邮件采访所获取资料。

作的连续性和有效性。

（一）中国媒体在英传播的政策法律环境

1. 英国广播电视监管概述

在广播电视监管方面，成立于 2003 年的英国通信管理局目前正依据英国《2003 年通信法》《1990 年广播电视法》和《1996 年广播电视法》等一系列广电法对商业广播电视进行独立监管。英国通信管理局拥有为在英商业电视与广播服务颁发执照的权力；此外，其职权还包括政策制定、播出监管及争议裁决等方面。[①] 在管理原则上，英国通信管理局依据《2003 年通信法》，将广播电视服务消费者利益和公民权益置于商业利益之上，重点维护消费者及公民的各项权利。[②]

另一重要政府管理机构——英国数字、文化、媒体和体育部（DCMS）负责制定和发布与数字经济建设、网络安全等相关的行业政策信息。例如，2019 年 5 月 8 日，英国数字、文化、媒体和体育部与英国内政部联合发布了最新的《在线危害》白皮书，[③] 提议立法强化网络平台自我监管，避免社交媒体、公共论坛、信息服务和搜索引擎等平台传播包括虐童影像、网络欺凌、极端思想和恐袭言论等在内的"有害"内容。白皮书还提出，运行平台的企业如果不作为，将可能受到罚款处罚，而其高级主管也将承担个人责任。

由原英国商务、创新与技术部（BIS）拆分组建的英国商业、能源与产业战略部（BEIS）主要负责对电信业务和频率资源等进行监管。英国脱欧进程和由此引发的一系列不确定性因素也会影响到媒体行业，特别是需要在英国发展融合传播业务的外国媒体。

2. 中国媒体本土化落地传播运营环境

随着中英两国关系在经济、政治、文化等各领域的不断深化，中国媒体对英传播业务的需要势必不断拓展延伸，在此过程中难免遇到各种适应性问

---

① Communications Act 2003. Sec. 192, https://www.legislation.gov.uk/ukpga/2003/21/section/192.

② 张文锋：《走向治理——媒介融合背景下西方传媒规制理性与实践》，西南交通大学出版社，2015 年 7 月，第 137 页。

③ Online Harms White Paper, https://www.gov.uk/government/consultations/online-harms-white-paper.

题和挑战，甚至法律纠纷。例如，有公民向英国通信管理局投诉中国国际电视台（CGTN）部分播出内容违反了英国广电法的相关规定，英国通信管理局因此于 2019 年 5 月宣布发起对 CGTN 的正式调查。中国新华新闻电视网（CNC World）于 2010 年获得了欧盟的落地牌照，并从 2011 年 7 月起通过欧洲通信卫星 Eutelsat 在英国天空电视台播出。但在脱欧大背景下，应英国要求需另行申请英国的落地播出牌照，原落地节目已自 2019 年 1 月 1 日起停播。

针对上述情况，中国驻英媒体，尤其是在英建立了本土媒体中心的媒体机构和公司，应加强对对象国政策法律的实时研究和运用，从节目内容生产发布到机构行政管理等各环节加强合规意识及自查，以降低相关法律风险，保障业务运行的安全性和持续性；对于不实投诉或负面舆论，也应通过包括法律渠道在内的合理措施予以正面回应和解决，以保障自己的合理诉求及合法权益。

（二）西方受众和传媒业对中国媒体的现有认知

英国是西方媒体舆论的大本营，在民主、人权等问题上长期对中国抱有偏见，英国媒体、学界、监管机构等仍习惯于用固化思维观察和报道中国。新媒体时代的英国民众虽然拥有了更多了解和认识中国的途径和平台，但大多数英国民众不会主动寻找关于中国的信息渠道，而更习惯于接受本国主流媒体的涉华报道。这一方面是由于文化背景和语言的差异，令许多人无法直接获取中文媒体的一手信息，更重要的是，许多英国民众习惯于接受西方媒体的话语体系，对中国媒体报道的可信度存在偏见，进而对中国也存在着片面化认知。

全球媒体偏见与事实核查网是一个评估新闻媒体报道准确性和偏见性的独立网站，创始人来自美国。该网站对部分中国央媒的报道进行了调查分析和信用分级，其分析在一定程度上反映了西方国家对中国媒体的信用认知。该网站分析认为，新华社报道是具有轻微到中等自由主义偏见的信息源。[1] 分析称，新华社在报道中国国内新闻时，文章标题和导语很少使用诱导性词汇，但在报道内容中常见诱导性词汇。分析同时认为，尽管新华社在报道国际新闻时经常援引美国布鲁金斯学会、美国斯特拉福战略预测

---

[1] https://mediabiasfactcheck.com/xinhua-news-agency/.

公司及美国总统与国会研究中心等专业机构的相关报道和数据，但不少报道仍缺乏关联佐证，因此，将新华社的新闻可信度评为混合型（Mixed）。

全球媒体偏见与事实核查网于 2019 年将《中国日报》①的新闻报道可信度从高级别调整为"可疑的消息来源"，将其归为中国国家宣传机构。该网站分析特别谈到了《中国日报》在北美、南美、欧洲、非洲和亚太地区等直接发行的 9 个海外版（2019 年 1 月 2 日已合并为《中国日报》国际版），认为《中国日报》在对外报道中国新闻时体现了明显的政府立场，在对国际新闻进行报道时频繁使用诱导性词汇。网站调查同时称，虽然《中国日报》此前在美国波因特学院国际事实核查网对其进行的事实核查中得以过关，但依然不能证明其报道具有可信度。

（三）中国媒体提高对英传播业务发展思路

中国媒体在对英传播力建设方面还有许多工作要做，包括如何增加传播的公信力，让英国民众更客观、全面地了解中国，发挥新闻机构的桥梁与纽带作用，促进中英两国人民相互理解和友好交流。

1. 提高议题策划能力

加强议题设置，尤其在重大事件发生时，把握舆论先机，掌握话语主导权。英国脱欧后将放眼世界，重建一个全球性的贸易国家；近三年的脱欧困局也令英国上下重新定位自身的诉求日趋迫切。有分析指出，英中贸易关系将在此后打开更宽广的新局面。在英国脱离欧盟的这一变革期，中国驻英媒体应抓住英国政府和民众放眼欧盟以外更广阔的世界这一时机和英国社会对中国的关注点，加强相关报道的议题设置，对关乎中国经济、政治、社会、人文发展的各个方面进行客观、充分、翔实的报道，尤其是对中英双方可能进行合作的领域和方面进行重点报道，为推动双边交流合作做出实质性的贡献和努力。

2. 多讲人文人物故事

中国媒体在对英报道中，尤其是在涉及国家核心利益的议题上，应始终坚持立场，体现原则，适时发声。与此同时，要让英国受众更加愿意理解和接受中国媒体，更直观地感受到一个真实、立体、生动、全面的中国，

---

① https://mediabiasfactcheck.com/china-daily/.

切实提高对外传播的质量和效果，必须实施媒体产品供给侧改革，挖掘英国受众关心的中国议题和当地有价值的新闻，以增进互信与共赢合作为目的，同英方媒体开展常态互动、联合创作、合作传播。两度获得奥斯卡最佳纪录片奖并拥有此项艾美奖的英国导演柯文思（Malcolm Clarke）近几年致力于中国题材纪录片的创作。他说，讲故事不应囿于技术，而应关注人性。如果能讲好人物故事，所传达的信息将影响深远，为更多人所接受。与高铁本身比起来，开高铁的人更有意思。

3. 改造和创新话语体系

在具体的内容产品创作中，话语体系的变革至关重要。英国受众长期受开放的舆论环境熏陶，坚信平衡客观的报道不能只有一面尤其不能只有正面，这是中国媒体在加强对英传播公信力方面要特别注意的。应多用事实说话，避免观点先行，尽力呈现一个事物的多个方面，在传递正面信息的同时不避讳问题与不足。要避免以点代面、以偏概全、一概而论的表述，避免在表述任务目标时使用无明确责任主体或以所有人为主体的口号式语言，代之以符合西方管理学中 SMART 标准的表达方法，即具体、可衡量、相关性强、有难度、有明确的时间规划。以具体事例作为微观且直观的切入点，小中见大、生动鲜活、层层推进，令观点不言自明。

在融合传播的时代，创新话语体系也意味着要有能力感知不同平台的特点和受众群偏好并做出相应调整。比如，尽管越来越多的年轻受众会通过各种社交媒体获取信息，但脸书和推特在新闻属性和社交属性上存在明显差别，发布社交媒体产品时应当因地制宜，做区别设计。

4. 进一步推进本土化进程

中国媒体在与英国主流媒体合作时，可以选择从文化艺术等有共同兴趣和诉求的领域做起。一方面提高合作的可能性，打开局面；另一方面也可以避开政治经济制度这些容易出现分歧和利益冲突的领域，让英国受众从更理性中立的角度加深对中国社会和人民的了解。例如，BBC 曾与中央电视台历时四年合拍经典自然纪录片《美丽中国》，透过西方的视角呈现中国多元的地域、民族文化及自然生态。此外，BBC 也曾与中国成功合拍了故宫纪录片。通过这些文化领域的合作展现我国发展道路和政策方向，不失为一种温和有效的方式。

英国媒体普遍面临财政紧缩压力，BBC 等主流媒体特别重视通过版权贸易和新媒体付费墙等方式创造更多收益、补充媒体规模建设运营经费的不足。不少颇具影响的地方媒体也面临严重的财政问题，这些地方媒体往往对普通民众的辐射时间长、范围广、程度深。中国媒体可根据业务需要加强与这些英国媒体的合作。

5. 分工合作，开放办媒体

尽管中国媒体在英国的业务普遍出现跨界和融合发展的趋势，但各媒体还应发挥各自的核心竞争力，在发展模式上各有专攻侧重，互相补充，分工合作，多层次、多角度地传递中国声音，讲好中国故事，共同提升文化内涵和市场竞争力。也可以根据各自优势，开门办媒体，广邀英国乃至欧洲的政界、商界、学界人士参与内容创作与传播，分享英国各领域的成功经验，为中国的改革开放、经济社会发展、中英关系的持续稳定发展建言献策。

在英国脱欧和国际政治格局面临阶段性调整的新形势下，中英关系的基本面没有改变，基础依然牢固，并展现出很强的韧性。在中英构建全面战略伙伴关系的第二个十年，两国在各领域的交流合作也有望进一步向纵深发展。中国驻英大使刘晓明曾指出，中英两国传媒业各有千秋，互补性强。英国媒体在创意、技术、传播力和管理模式方面走在世界传媒业发展的前沿，而中国媒体在市场、人力、资金和发展潜力方面具有独特优势。[①] 中国驻英主流媒体作为中国与世界对话交流的重要力量，应在常规报道和新闻产品制作之外，推动中英媒体在节目开发制作、人员互访、多元化媒体项目运营等方面加强合作，通过两国媒体的深入合作，促进两国人民的互信和友谊，为中英双边关系继续健康发展夯实民意基础。

第二节　英国民众涉华信息消费习惯调查与分析

英国本土媒体在英语国家甚至全球信息流动中占据着主导话语权，拥有极大的国际影响力。为了让英国民众了解客观真实的中国，让英国、欧洲乃至全球都能听到并听清中国声音，中央广播电视总台、中国日报、人民日报等媒体通过落地英国或与英国本土媒体合作的方式，为中国声音进

---

① 《驻英国大使刘晓明在"2014 中英媒体论坛"的致辞》，http：//uk.chineseembassy.org/chn/dsxx/dashijianghua/2014/t1118213.htm。

入英国社会、到达英国主流人群开辟了国际交流的窗口。

2016 年，中央广播电视总台中国国际广播电台通过独立调查公司 Ipsos/Mori，设计开展了对英国伦敦 DAB 数字广播电台覆盖地区的 15 岁以上受众的调查，样本量为 2006 人。调查显示，受众对中国文化主题最感兴趣，占调查人数的 68%；大部分受众还对旅游和美食等主题有较高兴趣。在受众构成方面，英国南部 15~34 岁的中产阶级男性对中国主题兴趣最高。大部分被调查者尤其是年轻受众有去中国旅行的计划；1% 的被调查者知道中国国际广播电台在伦敦 DAB 数字广播台上的品牌节目，其中 25% 的受众曾收听过该频道的节目。

为更好地了解英国受众对涉华信息的消费习惯，了解并提高中国媒体在英国的传播效果，并结合现有实践提出改革创新的政策性建议，本书委托零点有数科技集团在英国全境进行了在线问卷调查，执行周期为 2017 年 10 月 5 日至 12 日，有效样本量为 1503 人。

本调查是首项由中国媒体主导的针对英国受众涉华信息需求与媒介消费习惯的大规模调查，在一手数据基础上，对英国媒体生态、英国受众涉华信息需求、中国媒体在英国的传播影响力进行综合评估；基于对英国受众涉华信息消费习惯的调查与分析，进行了受众的涉华信息全媒体消费行为素描。

一 调查设计与实施说明

本项研究综合采用了在线定量调查法、网络大数据分析法。根据世界银行数据，2016 年英国的互联网使用率达到了 95%，[①] 在线调查的辐射范围广、网上访问速度快、信息反馈及时；同时匿名性佳，对于一些不愿在公开场合讨论的敏感性问题，在网上可以畅所欲言。因此在线调查能够较好地反映英国民众的真实观点。

在调查目标的选取时综合考虑了两方面因素：一是样本受调查能力；二是中国对英传播的既有受众、目标受众的实际情况。结合二者，本次调查的受访者限定为英国 18 周岁及以上、受过高等教育的中产阶级人士。

根据统计学的要求，在 95% 的置信区间下，抽样误差控制在 3% 以内时即可满足一般性的误差要求，此时样本可以较好地反映总体的情况。根据

---

① 世界银行公开数据库，2017 年，https://data.worldbank.org.cn/country/uk。

英国国家统计署提供的资料，2015 年英国居民共有 65649054 人，其中 18 周岁及以上的英国居民有 45532729 人。[1] 当人口规模达到千万级别时，在 95% 的置信区间下，样本量达到在 1100 个即可满足 3% 的最大抽样误差要求。本次调研样本量设计为 1500 个，在 95% 的置信区间下，抽样误差为 2.5%；同时根据英国居民的地区、年龄与性别比例分别进行样本量分配。在本次调查中，项目组通过优质样本库与会员筛选、背景信息校验、利用 Cookie 存储用户登录 IP 地址防止重复填答、复选题中设置"随机勾"等方式保证回收数据的质量。实际完成填答的样本量为 1564 个，不合格样本量为 61 个，最终合格样本量为 1503 个。在统计分析中，使用了有效样本量分析、交叉分析、均值分析等基础分析方法。

（一）受访对象性别、年龄分布情况

本次调查的合格受访者中，男性占比 50.8%，女性占比 49.2%；18~34 周岁占比 34.3%，35~49 周岁占比 32.3%，50 周岁及以上的占比 33.4%。各年龄段受访者中性别分布也相对平均。受访者的性别、年龄分布与英国目标群体实际人口学特征相符（见图 4-1）。

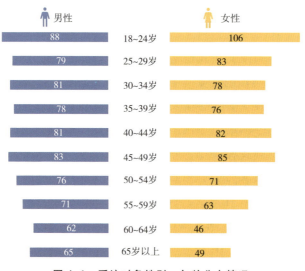

图 4-1　受访对象性别、年龄分布情况

---

[1]　英国国家统计署，2017 年，https://www.gov.uk/government/statistics/。

（二）受访对象收入分布情况

在本次调查中，合格样本被限定为"中产阶级人士"。根据英国官方统计数据，"中产阶级人士"的收入门槛被具体限定在个人年收入（税前）25000英镑及以上，或家庭年收入（税前）44000英镑及以上。[①] 实际合格样本的收入分布情况详见图4-2所示。

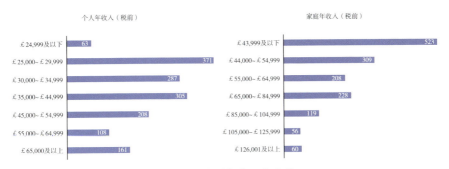

图4-2　受访对象收入分布情况

（三）受访对象学历分布情况

在本次调查中，合格样本被限定为"受过高等教育的人士"。在英国国民教育体系中，具体对应大专或其他第4学历等级以上学历人员。[②] 实际合格样本的学历分布情况具体为：大专或大学预科及同等学历人员为23.3%；大学本科及同等学历人员为49.2%；硕士与博士学历人员为27.5%（见图4-3）。

（四）受访对象地域分布情况

调查实施时按照英国官方人口数据以行政区划为单位对总样本量进行了区域分配，并对伦敦、曼彻斯特与伯明翰等中英交往重点区域适当增加

---

① BBC，The Great British Class Survey，2013；英国税务海关总署，Personal Income by Tax Year，2015；英国就业及退休保障部，Households Income Statistics，2015。

② 英国政府，学历等级标准：https://www.gov.uk/browse/education。

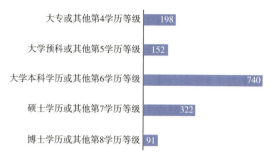

图 4-3　受访对象学历分布情况

了样本量占比。其中，英格兰地区实际回收合格样本 1374 个，苏格兰实际回收合格样本 67 个，威尔士实际回收合格样本 39 个，北爱尔兰实际回收合格样本 23 个。

　　本次调查分地区样本回收情况显示，各地区达到根据权重分配的样本回收预期（见表 4-1）。

表 4-1　受访对象地区分布详情

单位：个

地区	样本数	地区	样本数
东英格兰	77	西南英格兰	66
东米德兰	55	西米德兰（除伯明翰外）	53
内伦敦	405	伯明翰	67
外伦敦	248	约克郡和恒伯	67
东北英格兰	34	威尔士	39
西北英格兰（除曼彻斯特外）	81	苏格兰	67
曼彻斯特	114	北爱尔兰	23
东南英格兰	107		

（五）受访对象与中国接触经历

　　依据以往调查经验，受访者与中国的接触情况是影响其涉华信息偏好和习惯的重要变量。① 因此本项调查将受访对象与中国接触经历纳入背景题目，调查显示，本项目中 10.9% 受访者表示可熟练使用汉语；22.6% 受访者有熟识的中国朋友；32.1% 曾经到访过中国，其中，10.2% 在近三年内来过中国（见图 4-4）。

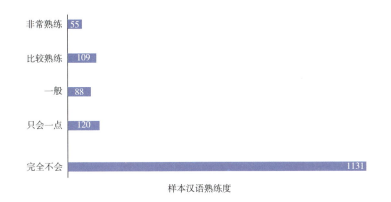

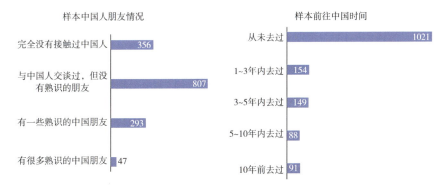

图 4-4　受访对象与中国接触经历

二　调查发现 1：英国媒体生态特点

（一）英国民众保持媒介消费精英化特点：秉承"新闻传统"、文化品位高

从广电节目类型看，当前英国民众仍然坚持奉行"新闻消费传统"。这

是英国受众与美国等其他国家受众呈现出的泛娱乐化媒体消费倾向相比最大的不同特征之一。例如，根据尼尔森收视率调查项目的结果，2016 年美国常规节目收视前十名名单中，绝大部分上榜节目均是戏剧作品，无一新闻节目上榜；其他西方发达国家的收视情况大体相似。[①] 英国民众保持"新闻消费传统"是对英传播节目类型设置的重要参考，而背后体现的英国受众精英化特质也值得重视。

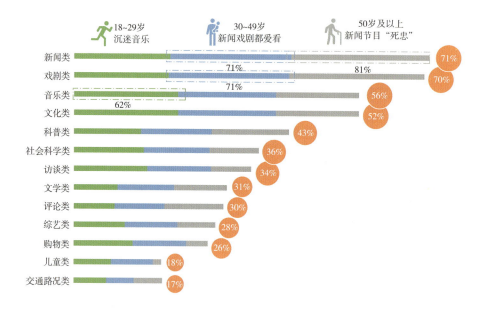

图 4-5　英国民众保留对广电节目的"新闻消费传统"（N = 1503）

数据来源：中国国际广播电台、零点有数《英国受众涉华信息获取渠道与中国媒体在英传播效果调查》，2017 年 10 月。

零点集团在 2015 年进行的 30 个国家民众媒体使用与信息获取方式调查中发现，英国文化受欣赏度位列 10 个主要国家文化受欣赏度之首，英国民众在此项调查中对本国文化也呈现出了较高的自信度。

戏剧、音乐与文化类广电节目同样受到英国受众欢迎。但是与世界主要发达国家产出的家庭剧、职场剧等现实社会题材或喜剧、情景剧等轻松题材为主的大众化影视剧风格相异，英国影视剧近年以《黑镜》

---

① 尼尔森，Tops of 2016：TV，2016。

《科技梦》等为代表，出现了强烈的后现代主义色彩与科技人文关怀高度交织的特色，《唐顿庄园》《神探夏洛克》等系列剧作也被誉为英剧中的"神作"，英国受众在文化需求与审美能力上表现出更高的格调与品位。

（二）英国受众获取信息的移动端与社交网络化趋势明显，美国网媒在英国影响力强势

根据英国通信管理局对本国民众进行的资讯获取习惯调查结果，电视是英国受众获取资讯的首要渠道，57%的成年人通过电视了解新闻和"周边发生了什么"。[①] 在电视媒体"战场上"，BBC、ITV、4 频道、天空电视四个本土寡头"垄断"了超过 70% 的份额，且长远来看其地位难以动摇。[②]

互联网是英国人信息获取渠道榜单上位列第二位的媒体形式（48%），而广播电台（33%）和印刷版报纸（29%）排在第三、四位。[③] 近几年，仅通过互联网渠道获取资讯的英国公众比例有明显增长，英国受众获取信息的移动端化与社交网络化趋势明显。近年来社交平台发展迅猛，不仅用户数量逐年攀升，而且日益成为重要的新闻和娱乐获取渠道。据路透社数据，启动本项调查的 2016 年，分别有 28%、12%、7% 的英国民众每周都以脸书、推特、优兔作为他们的新闻来源，而在 35 岁以下的中青年群体中这些比例更是高达 41%、20%、11%，且近年来社交媒体作为新闻源的使用率呈明显上涨趋势。[④] 因此，英国主流媒体纷纷在各大社交媒体上开通了官方账号，以《经济学人》为例，脸书等社交平台的分享链接能为其带来超过总量 30% 的页面访问量。

在新媒体平台上，英国民众的移动新闻源主要是以 BBC 新闻、天空新闻和《卫报》为代表的本土传统媒体打造的新闻移动客户端和以推特、谷歌新闻为代表的总部在美国的互联网媒体和社交媒体。本项研究根据 App

---

① OFCOM：Communications Market Report，2017 年 8 月 3 日，第 15 页。
② 英国广播受众研究委员会，2017 年，http：//www.barb.co.uk。
③ 英国通信管理局，《成年人媒体使用与态度调查》，2017 年，https：//www.ofcom.org.uk/research-and-data/media-literacy-research/adults/adults-media-use-and-attitudes。
④ 路透社，《数字新闻报告 2016》，2017。

Store 英国区数据和 Google Play 英国区新闻分榜综合制得英国区十大最受欢迎新闻类 App 榜单，发现其中有四个 App 所依托的是英国本土传统媒体集团，另外六个则是总部在美国的互联网公司。

本次调查 使用率	App Store排名 （2016.9~2017.9）	Google Play排名 （2016.9.1~2017.9.1）		App	总部所在 国家	公司
65%	2	2		BBC News	🇬🇧	BBC
28%	3	4		Sky News	🇬🇧	Sky
24%	6	6		The Guardian	🇬🇧	The Guardian
23%	1	1		Twitter	🇺🇸	Twitter
21%	10	12		Google News & Weather	🇺🇸	Google
15%	9	14		Buzzfeed	🇺🇸	BuzzFeed
11%	4	5		Mail Online	🇬🇧	DMG media
9%	5	3		Reddit：Trending News & Tips	🇺🇸	Reddit
4%	8	11		Flipboard：News For You	🇺🇸	Flipboard
4%	11	9		AOL：News Email Weather Video	🇺🇸	AOL

图 4-6 英国本土主流媒体打造的移动新闻客户端和基于美国的网媒产品垄断英国新媒体市场（N＝1503）

数据来源：中国国际广播电台、零点有数《英国受众涉华信息获取渠道与中国媒体在英传播效果调查》，2017 年 10 月。App Store 与 Google Play 排名信息由研究人员在大数据平台抓取整理。

需要注意的是，美国的网络媒体尤其是社交媒体在英国表现强势，超过 20% 的受访者会经常使用推特、谷歌旗下的 App 新闻产品。西方主流价值观在这些社交媒体上的强势地位是不可否认的，这彰显了中国媒体在海外社交网络和新闻客户端领域增强竞争力的紧迫性。

为了抢夺移动端和社交媒体的"地盘"，英国传统媒体的数字化转型经验值得借鉴。从本次调查票选的结果来看，近八成受访者认同 BBC 是英国跨媒体平台的最佳实践，其在不同新媒体平台上的数字化运营经验值得中国媒体借鉴。排名前五的媒体中唯一的"外来选手"CNN 在本土化上表现出色，针对英国的用户定制"英国主题"首页和话题板块。

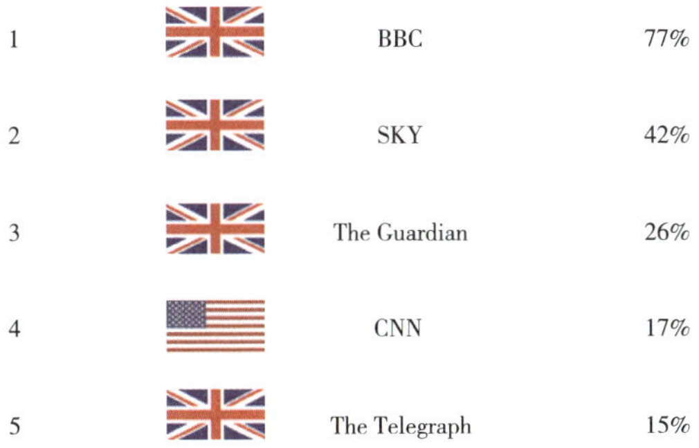

1	🇬🇧	BBC	77%
2	🇬🇧	SKY	42%
3	🇬🇧	The Guardian	26%
4	🇺🇸	CNN	17%
5	🇬🇧	The Telegraph	15%

图 4-7 近八成受访者认为 BBC 是跨媒体平台的最佳实践 （N=1503）

数据来源：中国国际广播电台、零点有数《英国受众涉华信息获取渠道与中国媒体在英传播效果调查》，2017 年 10 月。本题为多选题，所有选项之和大于等于 100%。由于涉及媒体过多，本图只选取了排名前五的媒体。

同样值得中国媒体借鉴的是今日俄罗斯的经验。尽管由于其采取了"专攻"社交媒体的战略，移动端 App 等产品在英国区表现不佳，但其在优兔上的表现抢眼。截至 2017 年 9 月，今日俄罗斯在优兔上的主要英语频道拥有 21 亿次的浏览量和 220 万订阅用户，大约相当于 BBC 的一半，且与 CNN 这一美国主流媒体在优兔上主要频道的浏览量和订户数大致相当。

图 4-8 调查结果显示，从社交网络账号的活跃度来看，体育类和影视类社交账号被认为在非新闻机构社交网络账户中活跃度最高，入选率分别为 44% 和 37%。项目组根据 Twitter Counter 提供的英国区 "Twitaholic" 榜单进行分析后发现，体育类和影视娱乐类社交账户在英国的订阅量最高，与本次调查结果较为一致。[①] 调查中，受访者认为社交网络中活跃度排在第三至第五位的，分别为健身（27%）、相亲交友（26%）和家庭育儿（24%）等相关机构的账户。

---

① Twitter Counter, Twitaholic, 2016.

图 4-8　在非新闻机构类社交网络账户中，体育、
健身和影视、育儿类账户活跃度较高（N＝1503）

数据来源：中国国际广播电台、零点有数《英国受众涉华信息获取渠道与中国媒体在英传播效果调查》，2017 年 10 月。

此题为多选题，所有选项之和大于等于 100％。

三　调查发现 2：英国民众涉华信息需求特点

（一）七成英国民众关注中国信息，高知、高收入精英群体对中国最感兴趣

据本次调查结果，英国民众普遍对媒体上可获得的中国消息存在兴趣。七成受访者表示，平时会关注有关中国的报道或节目，且 18％ 的受访者表示平时非常关注涉华信息。其中，对中国更感兴趣的英国民众是以高知、高收入为特征的精英群体和来过中国的人士。

以收入层次划分，个人年收入越高的群体对中国关注度越深，［关注：£ 30k 以下（68％）—£ 30k-45k（68％）＜£ 45k 以上（76％）；非常关

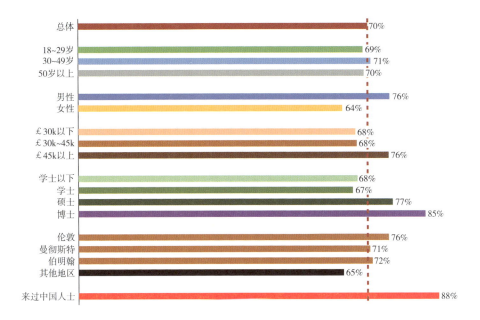

图 4-9　对中国资讯更感兴趣的英国人群素描：
中青年高知、高收入精英群体（N = 1503）

数据来源：中国国际广播电台、零点有数《英国受众涉华信息获取渠道与中国媒体在英传播效果调查》，2017 年 10 月。

注：30k 以下（15%）＜£ 30k - 45k（16%）＜£ 45k 以上（23%）。分教育背景来看，学历越高、对中国越关注。关注：学士以下（68%）—学士（67%）＜硕士（77%）＜博士（85%）；非常关注：学士以下（14%）＜学士（16%）＜硕士（20%）＜博士（44%）］，博士群体是涉华信息的重度关注者。分性别来看，男性（关注 76%，非常关注 22%）对有关中国的报道或节目的关注度远高于女性（关注 64%，非常关注 13%）。分地域来看，与中国联系密切的地区的民众对涉华信息关注度略高于总体均值。伦敦、伯明翰和曼彻斯特地区分别有 76%、72%、71% 的受访者表示关注涉华信息，其中分别有 21%、22%、22% 的受访者表示对涉华报道或节目非常关注。调查发现各年龄段群体在对有关中国的报道或节目的关注度上没有显著差异。

（二）英国民众对当代中国故事、中国普通民众故事更为关注

当受访者被要求从一系列节目描述列表中挑选出三个最感兴趣的节目时，超过三分之一的受访者对现代中国题材节目最感兴趣，近三成受访者对以中国文化、经济和民众日常为主题的节目和以中国古代文明为主题的节目最感兴趣。中国视角的国际新闻栏目、深度分析当代中国的脱口秀节目、中国青年纪录片也受到了部分受访者的关注。

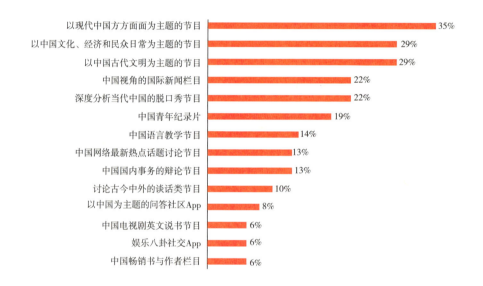

图 4-10　英国民众对现代中国和民众日常最感兴趣（N = 1503）

数据来源：中国国际广播电台、零点有数《英国受众涉华信息获取渠道与中国媒体在英传播效果调查》，2017 年 10 月。

此题为限选三项，所有选项之和大于等于 100%。

调查问卷中列出了供选择的节目原型，其中排名前五的节目如下：

表 4-2　英国受众最感兴趣涉华节目类型

节目原型	节目内容	选择比例
中国的秘密 （BBC）	以现代中国方方面面为主题的节目	35%

续表

节目原型	节目内容	选择比例
新视野 （CRI英语环球）	以中国文化、经济和民众日常生活为主题的节目	29%
中国故事 （BBC）	以中国古代文明为主题的节目	29%
新闻纵贯线 （CRI英语环球）	中国视角的国际新闻栏目	22%
今日 （CRI英语环球）	深度分析当代中国的脱口秀节目	22%

　　从本次调查结果来看，内容丰富、具有深度的中国主题节目最符合英国民众的口味。当分别被问及最看重以中国为主题的广电节目、报刊、App的哪些特质时，受访者的首选均是基于信息丰富度和内容深度。这为对英传播的内容设计提出了较高的要求。

图4-11　英国民众要求中国主题节目的信息丰富度和深度（N=1503）

　　数据来源：中国国际广播电台、零点有数《英国受众涉华信息获取渠道与中国媒体在英传播效果调查》，2017年10月。

　　上述题目为多选题，所有选项之和大于等于100%。

四 调查发现3：英国媒体涉华报道情况

（一）英国民众认为涉华信息供给量不足，互联网上的中国声音尤其偏少

三分之二的英国受访者认为当前通过媒体了解到的关于中国的信息量小，无法满足需求。英国民众涉华信息的首要来源仍是传统大众媒体，互联网上的中国声音明显偏少，且通过互联网渠道所获取的涉华消息中又是以"主动搜寻"的引擎类获取方式为主，这再次印证了英国民众平时获取的中国信息数量不足的情况。

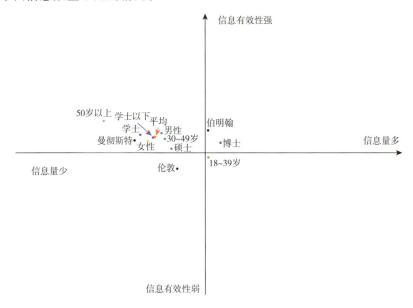

图 4-12　现有涉华信息数量无法满足大多数英国民众需求（N = 1503）

数据来源：中国国际广播电台、零点有数《英国受众涉华信息获取渠道与中国媒体在英传播效果调查》，2017 年 10 月。

英国现有媒体生态下，报纸和广播往往具有强烈的政治倾向。而在多源化信息平台互联网上，涉华信息影响力过低，这对塑造全面、客观的中国形象会有不利的影响。

图 4-13　英国民众涉华信息主要来源仍是传统大众媒体，
互联网上中国声音偏少（N = 1503）

数据来源：中国国际广播电台、零点有数《英国受众涉华信息获取渠道与中国媒体在英传播效果调查》，2017 年 10 月。

此题为多选题，所有选项之和大于等于 100%。

（二）在涉华信息话语权领域，西强我弱局面客观存在

从具体媒体源来看，中国媒体在英影响力仍弱于本土媒体甚至其他国家媒体。在问到通常通过哪些媒体来了解与中国有关的信息时，受众的选择显示 BBC 在涉华信息话语权上掌握了绝对优势。社交媒体的地位同样不容小觑。而在非英国本土媒体中，来自美国的 CNN 表现最为强势。

"西强我弱"局面在一定程度上与中国媒体的分发渠道短板存在关联——考虑到媒体消费移动端化和社交网络化趋势，主流媒体纷纷推出了自己的移动客户端，依托自身在传统领域的优势，延伸并丰富其产品线；尤其是进行多元化分发渠道布局，从策略上向移动端大幅倾斜，增加原创性内容，且与非传统媒体类的信息分发平台合作推送，借助大数据算法将信息精准推送给目标受众群体——BuzzFeed、红迪网等兼具社交媒体功能和信息聚合分发功能的移动端在青年人群体中表现优异，为中国媒体优化分发机制提供了借鉴。

需要说明的是，中央广播电视总台中国国际电视台（CGTN）的认知度在本次调查中排名相对偏低，这应与其在调查执行期间官方名称由CCTV-NEWS进行变更未满一年、受访者对新官方名称辨识度仍不足有关。

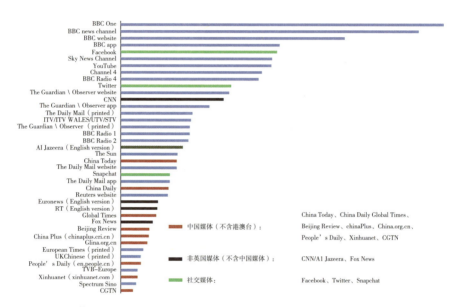

图 4-14　英国本土主流媒体 BBC 在涉华信息传播领域占据绝对优势（N = 1503）

数据来源：中国国际广播电台、零点有数《英国受众涉华信息获取渠道与中国媒体在英传播效果调查》，2017 年 10 月。

此题为多选题，所有选项之和大于等于 100%。

（三）英国本土舆论中中国形象偏向负面，英媒涉华报道中立性受民众质疑

英国民众对英媒涉华报道的公正客观性和趣味性评价偏向负面：认为本土媒体涉华报道公正客观的占 23%，低于持相反意见的比例（29%），持中立立场的另有 48%；认为本土媒体涉华报道生动有趣的占 23%，同样低于持相反意见的比例（28%），半数则持中立立场。总体来看，一方面英国民众对本土媒体涉华报道的公正性和客观性抱有怀疑的态度；另一方面认为涉华报道风格倾向严肃、呆板。

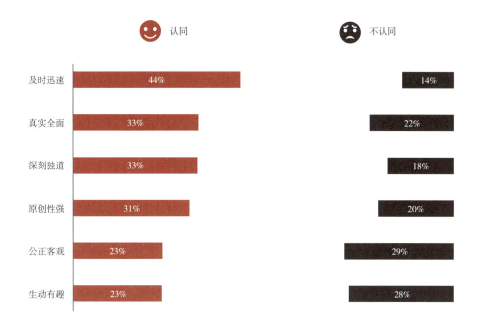

图 4-15　英媒涉华报道的公正客观性和趣味性受到英国民众质疑（N=1503）

数据来源：中国国际广播电台、零点有数《英国受众涉华信息获取渠道与中国媒体在英传播效果调查》，2017 年 10 月。

图中空白部分表示态度中立的受访者。

　　在英国民众看来，英国媒体在信息传播中有意偏向塑造负面的中国形象。根据本次调查结果，英国民众对于英国媒体所呈现的中国形象打出了均值为 46.3 的评分（满分 100 分，见图 4-16）。其中，青年群体评分最高（平均 49.5 分），而年长者评分最低。值得注意的是，这与不同年龄段群体的媒体消费习惯直接关联——青年群体使用互联网获取信息的比例更高，而年长者则更多选择阅读报纸等传统媒体。

　　分项来看（见图 4-17），更多的受访者认为英国主流舆论中有关中国的负面新闻更多（38%），而不是正面新闻更多（16%）。同时，相对更多的受访者认为英媒传达了"中国不重视对外关系和对外形象"的信息和"中国威胁"论。尽管中国崛起已是不争的事实，仍有 14% 英国受访者认为在英媒报道下，中国"永远不会是世界强国"。

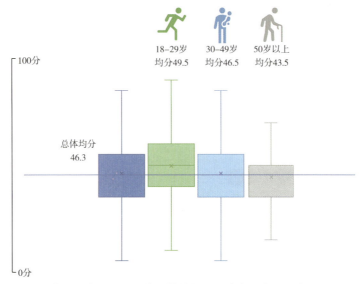

图 4-16　英国受众倾向认为本土媒体偏向塑造负面中国形象（N＝1503）

数据来源：中国国际广播电台、零点有数《英国受众涉华信息获取渠道与中国媒体在英传播效果调查》，2017 年 10 月。

评分经过标准化处理。

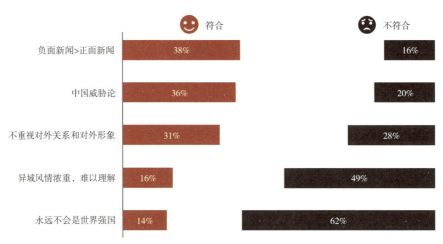

图 4-17　英国受众评估本土媒体涉华负面信息居多（N＝1503）

数据来源：中国国际广播电台、零点有数《英国受众涉华信息获取渠道与中国媒体在英传播效果调查》，2017 年 10 月。

图中空白部分表示态度中立的受访者。

英国民众在评价英国媒体涉华报道时认为其公正客观性和趣味性较差，但较为认可本土媒体的节目制作水平。近半受访者认为英媒对于中国信息

的报道及时迅速；三分之一则认为英媒对中国的报道真实全面；三分之一
受访者认为其报道深刻独到；三成受访者认为英媒涉华报道原创性强。

五　调查发现 4：英国民众接触中国媒体意愿较强

（一）超七成英国民众愿意接触中国媒体，但中国媒体知晓度仍整体偏低

超过七成受访者表示"非常愿意"或"比较愿意"接触中国媒体，英国民众总体上对中国媒体持开放的心态。以高知、高收入、中青年为特征的精英群体和去过中国人士接触中国媒体的意愿更强。

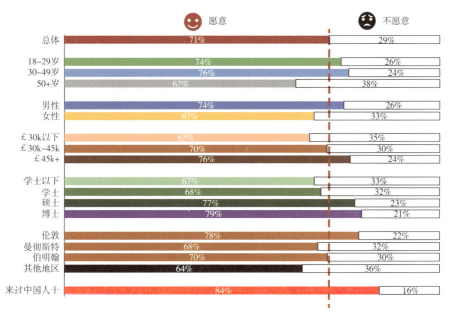

图 4-18　超七成英国民众对接触中国媒体持开放心态 （N = 1503）

数据来源：中国国际广播电台、零点有数《英国受众涉华信息获取渠道与中国媒体在英传播效果调查》，2017 年 10 月。

从英国民众更倾向于接触中国媒体的场景来看，英国民众对服务性信息需求较强，例如，有关求学、旅游等方面的政策和便利措施，中国的衣食住行以及文化、娱乐等信息，英国受众都更愿意从中国媒体获得。

英国受众认为（见图 4-20），接触中国媒体主要面临三大障碍，即中国媒体知晓度低、信任度低以及制作水平偏低。此调查结果可以看出，基

图4-19　英国民众在满足服务性信息需求方面更倾向于使用中国媒体 （N = 1291）

　　数据来源：中国国际广播电台、零点有数《英国受众涉华信息获取渠道与中国媒体在英传播效果调查》，2017 年 10 月。

　　此题为多选题，所有选项之和大于等于100%。

于英国民众了解中国、接触中国媒体的意愿，如果解决好制约英国民众接触中国媒体时面临的上述三个主要障碍，中国媒体向更多英国民众、包括主流社会传播中国声音大有可为。

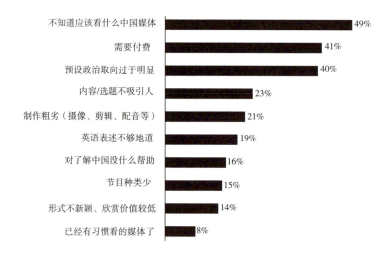

图4-20　中国媒体在提升知晓度、信任度和吸引力方面都大有可为 （N = 1，373）

　　数据来源：中国国际广播电台、零点有数《英国受众涉华信息获取渠道与中国媒体在英传播效果调查》，2017 年 10 月。

　　此题为多选题，所有选项之和大于等于100%。

（二）本土媒体对涉华信息话语权竞争优势明显，但中国媒体影响力与其他外媒不相上下

当中国发生重大事件时，四分之三的英国民众会首选英国本土媒体作为涉华信息获取源，说明英国本土媒体在涉华信息话语权竞争中仍优势明显。但愿意首选中国媒体的比例略高于其他国家媒体，中国媒体的影响力已与其他外媒不相上下。

根据零点在世界其他国家进行的涉华信息获取方式调查，中国在目标国的影响力往往不如美国等发达国家的主流媒体。例如，零点 2013 年在南非进行的调查显示，81.4% 南非公众通过本土媒体了解中国，42.5% 则通过其他国家的媒体获取有关中国的消息，将中国网络媒体和传统媒体作为主要信息源的南非公众分别仅占 7.2% 和 3.2%。[1] 此次对英国受众调查中，当被问及"倘若在中国发生了一件重大事件，您更倾向于会选择通过以下哪一类媒体的报道详细了解呢？"9% 英国受众倾向选择中国媒体，8% 倾向选择包括美国在内的其他国家媒体，从侧面验证了中国媒体长期耕耘对英传播取得的初步成绩。

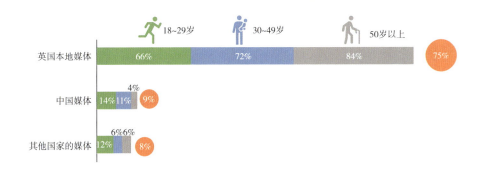

图 4-21　在涉华信息话语权竞争中，中国媒体影响力与其他外媒不相上下（N＝1503）

数据来源：中国国际广播电台、零点有数《英国受众涉华信息获取渠道与中国媒体在英传播效果调查》，2017 年 10 月。

---

[1]　中国外文局，零点有数调查集团：《中国对南非传播效果调查》，2013，内部报告。

六 调查发现5：中国媒体在英传播效果评估

（一）在中国媒体中，China Daily 与 CGTN 的受众知晓度相对较高

在本次调查中，研究人员列举了英国受众在本土可以接触到的9家中国媒体进行知晓度测试。[①] 在没有到访过中国的受访者中，知名度最高的是《中国日报》，知晓度为9%。中国国际电视台（CGTN）在列举出的4家电视媒体中知名度最高为8.4%；排在第二位的电视媒体是凤凰卫视5%，紧随其后的是湖南卫视4.2%和蓝海电视台3%。

互联网媒体的知晓度分别为：人民网英文版6.2%（en. people. cn）；新华网英文版 3.5%（xinhuanet. com/english）；中国网英文版 2.8%（china. org. cn），总台中国国际广播电台国际在线网站英文版 China Plus 2.4%（chinaplus. cri. cn）。

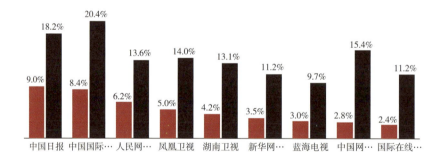

图4-22 英国受访者对中国媒体的知晓度情况

数据来源：中国国际广播电台、零点有数《英国受众涉华信息获取渠道与中国媒体在英传播效果调查》，2017年10月。

注：上图按照红色柱数值进行降序排列。红色柱为各媒体在未曾到访过中国的英国受访者中的知晓度（N＝1021）；黑色柱为各媒体在全体英国受访者中的知晓度（N＝1503）。由于是否到访过中国这一变量与中国媒体的知晓度存在高关联度，建议以红色柱数值为参考。解读和引用相关数据时应注意的是，图中数据代表对各媒体的知晓度，不代表用户黏性与用户评价；因本次调查中对样本有收入、学历的要求，因此数值不代表各媒体在全体英国受众间的一般知晓度。

---

① 调查启动时中央广播电视总台尚未成立，所有媒体使用原名称。

（二）中国在英媒体涉华报道的时效性、原创性和深度性受到认可

当被要求对中国媒体关于中国话题的新闻报道进行评价时，总体而言英国民众打出了较为中性的 49 分评分。中青年群体给出的评分略高于年长者群体（见图 4-23）。

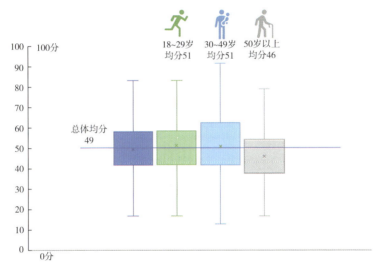

图 4-23　中青年人对中国在英媒体涉华报道相对评价更高（N = 1503）

数据来源：中国国际广播电台、零点有数《英国受众涉华信息获取渠道与中国媒体在英传播效果调查》，2017 年 10 月。

评分经过标准化处理。

分项来看（见图 4-24），中国媒体在及时迅速（33%）、原创性强（30%）、深刻独到（30%）上所获评分更高。但值得注意的是，中国媒体在公正客观（17% 认同，44% 不认同）和真实全面（19% 认同，24% 不认同）两个方面受到质疑。

（三）中英机构联合摄制的纪录片受到广泛关注

在本次调查中，受访者被问及对近年来中英机构联合制作的中国主题纪录片的评价（见图 4-25）。调查结果显示，当代中国的故事、中国普通民众的故事在各题材节目中更受英国民众欢迎，评价好于中国古代历史题材和传统文化题材的纪录影片。这与有关英国民众对涉华信息兴趣点的调查结果形成呼应。

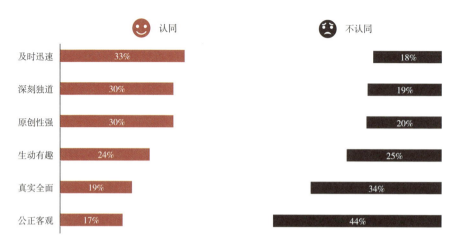

图 4-24　中国媒体的时效性、原创性和深度性受认可，
但公正客观性依然受质疑（N = 1503）

数据来源：中国国际广播电台、零点有数《英国受众涉华信息获取渠道与中国媒体在英传播效果调查》，2017 年 10 月。

图中空白部分表示态度中立的受访者。

图 4-25　中英机构联合制作的中国主题纪录片

　　分项来看，关注中国青年压力、中国家庭困扰的纪录片《中国的秘密》受关注度最高。当受访者被要求在六部中英媒体机构合作拍摄录制的纪录片中挑选出曾观看过的作品时，分别有三分之一的受访者选择了 BBC 出品的《中国的秘密》和《美丽中国》，而《中式学校》《中国新年：全球最大庆典》《地球：神奇的一天》和《孔子》的比例则分别为 24%、21%、20% 和 13%（见图 4-26）。

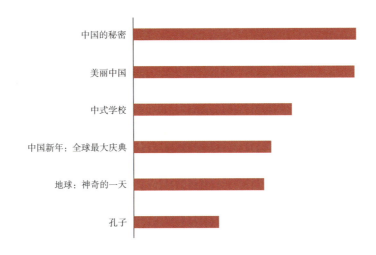

图 4-26　当代中国故事、中国普通民众故事题材的
纪录片节目最受欢迎（N = 1503）

　　数据来源：中国国际广播电台、零点有数《英国受众涉华信息获取渠道与中国媒体在英传播效果调查》，2017 年 10 月。

　　注：上图是近年来五个在英播放的涉华电视纪录片节目在英国受访者中的知晓度。

　　以中国古代历史和传统文化为主题的《孔子》在节目题材一项上得分略低，而《中式学校》则在节目立场方面分数较低，中央广播电视总台央视（CCTV）和 BBC 联合摄制的纪录片《美丽中国》所获评价最高。总体来说，当代中国的故事、普通中国人的故事在各题材节目中更受英国民众欢迎。而单纯关注中国古代历史题材和传统文化题材的影片相对受冷遇（见图 4-27）。

图 4-27 《美丽中国》因制作精良和增进对中国认知广受好评 （N = 1503）

数据来源：中国国际广播电台、零点有数《英国受众涉华信息获取渠道与中国媒体在英传播效果调查》，2017 年 10 月。

评分经过标准化处理。

七 调查发现 6：英国民众对中国的印象感知

（一）英国民众对中国评价总体偏向正面

从本次调查来看，英国民众总体上对中国持正面看法，总体评分为 6.52 分（见图 4-28）。超过七成的受访者给出了正面评价，仅有 13%的受访者给出了负面评价。

其他涉华跨国民调结果亦显示，相较其他国家、英国民众对华印象更佳。皮尤研究中心 2017 年的全球民调显示，45%的受访者对中国持积极态度、37%持负面态度，综合看来在西欧国家中英国对华好感度排位较高。[1]而在 BBC 的全球民调中，尽管对中国持消极态度（58%）的受访者比例超过了持积极态度（37%）的受访者，但仍能看出英国受访者的对华好感度要高于其他国家受访者。[2]

① Pew Research Center, Global Attitudes and Trends, 2017.

② BBC, BBC World Services Poll & GlobeScan/PPC, 2017.

评分	频数	频率
10分	82	5%
9分	102	7%
8分	284	19%
7分	368	24%
6分	259	17%
6分及以上	1,095	73%
5分	218	15%
4分	87	6%
3分	49	3%
2分	23	2%
1分	31	2%
4分及以下	190	19%
总体	1,503	100%

评价正面

评价负面

图 4-28 超七成英国民众对中国国家形象做出正面评价 (N=1503)

数据来源：中国国际广播电台、零点有数《英国受众涉华信息获取渠道与中国媒体在英传播效果调查》，2017 年 10 月。

（二）媒体传播与民间交往促进英国受众形成更积极、正面的"中国印象"

从本次调查来看，对中国印象更好的英国受众与对涉华信息兴趣度高的群体高度重合，即以高知、高收入、中青年为特征的精英群体和曾经来过中国的人士（见图 4-29）。

对受访者的应答情况进行交叉分析发现，民间交往对英国受众形成更积极、正面的"中国印象"有显性的促进作用。例如，来过中国的人士对中国形象的评分（7.1 分）要高于未曾到访过中国的受访者（6.25 分）；有熟识的中国朋友的英国人士对中国形象的评分（7.31 分）高于其他受访者（6.29 分）；精通汉语或可以熟练使用汉语的人士对中国形象的评分（7.39分）也要高于不会汉语或只粗通汉语的人士（6.35 分）。

本次调查中，研究人员对于英国国内与中国民间交往相对活跃的重点城市即伦敦、曼彻斯特和伯明翰加大了执行样本。从这些城市的民众对中国印象的评分来看，民间交往促进"民心相通"的作用再次得到验证。例

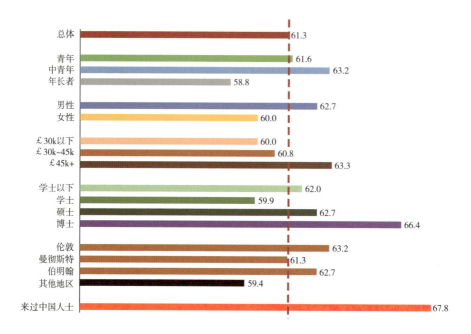

图 4-29　高知、高收入、中青年群体和来过中国人士对中国印象更佳（N = 1503）

数据来源：中国国际广播电台、零点有数《英国受众涉华信息获取渠道与中国媒体在英传播效果调查》，2017 年 10 月。

数据经过标准化处理。

如，这三个城市中三成民众对中国印象的评分为 6.7 分，而其他地区的这一评分为 6.4 分。

媒体传播对提升受众对华印象的促进作用更加显著。对浏览、收看或收听中国媒体有兴趣的受访者对中国国家形象的打分（6.98 分）要比表示没有相关意愿和兴趣的受访者（5.44 分）高出近三成（28.3%）。

总结来看，本次调查表明英国民众对有关中国的信息有较大兴趣，而当前英国本土媒体所提供的涉华信息量远未满足多数受众的需求，中国媒体在英传播仍有较大的发展空间。同时，当前英国媒体生态中，涉华信息"西强我弱"的局面仍客观存在，中国媒体与本土主流媒体、其他国家在英媒体围绕话语权的竞争仍很激烈。

中国媒体通过落地英国或与英国本土媒体合作等方式，已经把部分中国声音传递给了英国主流社会、英国主流人群。但同时，中国媒体在提升主流话语权、提升节目制作水准与改进传播方式、方法以实现本土化表达等方面仍有较大的进步空间。在英国受众对涉华信息的需求尚不能充分满足的情况下，中国媒体可以针对英国的传播生态环境，英国民众的媒介消费习惯，提升传播内容的针对性和传播渠道选取的精准度，更重要的是提升中国故事的吸引力和被二次、多次传播的路径和方法。

第五章　增强中英交流　加深互知互信

英国是近代以来对中国影响最大的国家之一。1950 年 1 月 6 日，英国宣布承认中华人民共和国中央人民政府为"中国法律上之政府"；1972 年两国实现关系正常化；1998 年两国签署《中英联合声明》，成为"增强全面的中英伙伴关系的框架"；2004 年，两国进一步构建"全面战略伙伴关系"；2015 年，英国成为首个申请加入中国主导的亚洲基础设施投资银行的 G7 国家，同年，国家主席习近平对英国进行国事访问并开启中英关系的"黄金时代"。

在瞬息万变的国际形势下，中英两国需要加强沟通协作，中国媒体可以为加强双方政治互信和深化合作增添新动力、拓展新空间。目前我国媒体在英国的业务存在功能重复、内容同质、力量分散等现象，传播竞争力和影响力相对偏弱。因此，结合对英民众的一手调查数据，基于对于英国的传播生态环境的深入分析和认识，有必要加强中国媒体对英传播的规划，构建融通中外的话语体系，实施对英传播"供给侧结构性改革"，起到增强中英交流、加深两国互知互信的作用。

一　对象：精英取向受众的需求与供给

本书调查数据显示，英国民众对有关中国的信息有较大兴趣，对中国资讯最感兴趣的、接触中国媒体意愿最强的和对中国印象最好的三组人群特征高度重合，均为中青年、硕博以上学历的高收入者。通过调查结果大体可以素描出英国涉华信息的核心受众形象，即以高级知识分子、高收入人士为核心的中青年精英群体。同时，英国媒体受众整体上也呈现精英化，尤以保持并发扬"新闻消费传统"和在文化需求与审美能力上呈现更高格调与品位两个特征最为突出。

英国民众对中国的印象评分

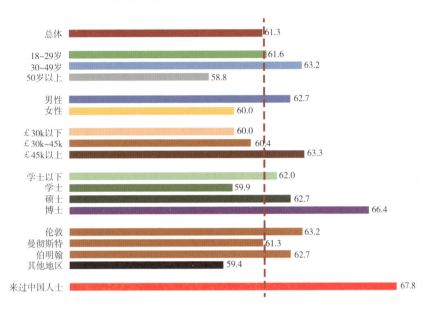

英国民众对中国的兴趣

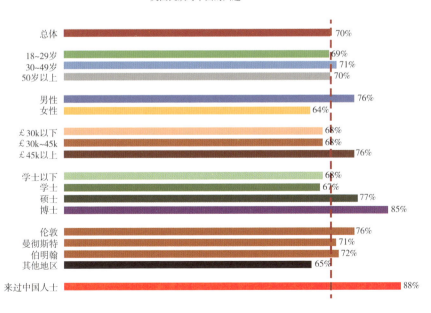

图 5-1　中青年高知高收入群体是涉华信息核心受众，也是对华好感度相对较高人群（N = 1503）

数据来源：中国国际广播电台、零点有数《英国受众涉华信息获取渠道与中国媒体在英传播效果调查》，2017 年 10 月。

数据经过标准化处理。

总的来说，英国受众与世界其他主要国家受众在媒体信息获取方面所呈现的泛娱乐化倾向有鲜明的差异。从这个差异，即英国媒体受众整体精英化特征，以及涉华信息核心受众精英化特征出发，中国媒体应进一步做好战略规划与具体对策，把符合精英受众取向的传播内容和传播平台作为业务发展重点。

二　内容：中国故事的需求与供给

调查结果显示，英国受众对于中国题材广电节目或新闻资讯的兴趣点，集中在中国当代故事、中国文化故事与中国普通公众故事。

从供给侧来讲，我国对英国的传播在中国重大事件或突发事件、经济社会发展成就与领导人新闻等宏大叙事领域，信息发布力度与强度都较为可观，甚至超过英国媒体，这本是传播中国声音的重点领域。与此同时，对英国传播还需进行以下三方面的调整：一是将重点领域报道的"数量优势"转化为"质量优势"，不仅传播开去，还能收获认同；二是避免"预设政治取向过于明显"，根据调查这是英国民众拒绝中国媒体的主要掣肘因素；三是增加中国社会生活、社会文化，尤其是普通中国民众的生活方式方面的内容。

结合中国文化"走出去"实践，除了保持中国传统文化的曝光度，也要更加重视对中国现代文化尤其是流行文化、互联网文化的推广。一方面，调查数据显示国外受众对中国传统文化或中国历史题材的节目需求显示不足，而对中国现代文化的兴趣较高；另一方面，中国不仅有灿烂辉煌的传统文化资源，也有具备世界影响力的现代文化资源，海外受众尤其是青年受众对中国潮流时尚、科技发展的关注便是很好的例证。从现代传播规律来说，现代文化往往可以成为传统文化"走出去"的载体，两者互相裨益。

2015年，中国国际广播电台（现中央广播电视总台中国国际广播电台）英语中心推出了21集《你好，伦敦——60秒走近中国》（Hello London）微专题，这些短小精悍，生动活泼的广播微专题分别以"文化看中国""中英面面观""国人素描"为主题，从经济、文化和社会发展角度介绍了今日中国以及逐梦、筑梦的中国人，先后在伦敦主流调频电台 Classic FM 100.9 和 LBC FM97.3 连续三周每日滚动播出。英国布莱顿公学教授中文的托马斯·古德伯听完节目后反馈称：《你好伦敦-60秒走近中国》微专题内容丰富，呈现了现代中国的风貌，其中所介绍的文化和语言常识对他的汉语教学非常有帮助。"[1]

2018年中国国际广播电台推出的系列播客登录苹果、声田等热门播客平台，其中反映北京现代都市音乐文化生活的微播客《北京呼唤》获得苹果英国市场脸书数周首页推荐。

---

[1]　黄廓：《中国国际广播电台以系列微专题节目创新时政报道》，中国广播电视电影社会组织联合会编，《广播电视改革与创新2017》，中国广播影视出版社，2017年，第30~32页。

三 渠道：移动端与社交网络端信息的需求与供给

本书自主调查显示，三分之二的英国受众认为当前通过媒体了解到的关于中国的信息量小，无法满足其需求。英国民众涉华信息的首要来源仍是传统大众媒体，互联网上的中国声音明显偏少，且通过互联网渠道所获取的涉华消息中又是以"主动搜寻"的引擎类获取方式为主，这也印证了英国民众获取的互联网来源中国信息数量不足的情况。英国现有的媒体生态下，报纸和广播往往具有强烈的政治倾向。而在多源、开放、新锐的互联网平台上，涉华信息影响力过低，对塑造全面、客观的中国形象会有不利的影响。

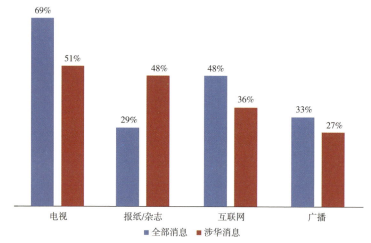

图 5-2 英国民众获取的涉华消息中，来源于互联网的声音偏少（N＝1503）

数据来源：英国通信管理局，《2016 年成年人媒体使用与态度调查》，2017 年；中国国际广播电台、零点有数《英国受众涉华信息获取渠道与中国媒体在英传播效果调查》，2017 年 10 月。

此题为多选题，所有选项之和大于等于 100%。

自主调查表明，美国的网络媒体尤其是社交媒体在英国表现强势，因此美国为代表的西方主流价值观借助社交媒体在英国民众中产生了重要影响。这彰显了中国媒体在海外增强网站、社交网络和新闻客户端资讯供给的紧迫性。传统媒体时代，大众媒体在传播与营销、拓展上往往采取"内容为王"的战略，在用户培育上采取"酒香不怕巷子深"的态度。然而，在新媒体与互联网掀起的信息爆炸和信息过剩时代，如何让内容抵达受众成了难题中的难题，"酒香也怕巷子深"。

在大数据算法定制推送内容已成大趋势的情况下，先把"粉丝"圈住、再传播内容才是中国媒体突破本土媒体话语权垄断重围的新战略。这个新传播规律，对中国媒体打造国际化的网络端旗舰产品，尤其是移动端和社交网络端平台及产品提出更高要求。

四　合作：中英联合出品的需求与供给

长期以来，中国媒体的海外传播多采用直接落地的战略，但以此进入英国主流社会的难度系数偏高。受众反馈显示，知晓度、信任度与吸引力三重短板影响着英国受众接触中国媒体的意愿。相比之下，中英媒体机构联合摄制的中国主题纪录片经英国媒体播出后，广受英国民众的关注与欢迎，一些反映当代中国故事、中国普通民众故事的涉华电视节目甚至成为英国普通家庭茶余饭后热议的话题。

考虑到英国民众获取涉华信息的首要渠道仍是以 BBC 为代表的本土媒体，并且这一局面在短期内难以根本性改变，"借船出海"策略是顺应英国当前媒体生态的明智之举。"借力外媒、通过合作产生公信力、影响力，可以有效克服国际传播的政治、法律和文化障碍，成本更低，效果更好。"①

同时，英国媒体的涉华信息报道框架受到相当程度的意识形态影响，在塑造中国形象方面有一定的负面作用（见图 5-3）。加深、拓宽中国媒体与英国本土主流媒体的交流与合作，无疑有助于英国民众获得更加准确、全面的有关中国的消息，同时有效规避英国民众对中国媒体的误解和疑虑。

中英两国媒体合作有助于推动中国媒体渐进式本土化，形成中国理念更准确地道的英语表达、英式表达。

随着中国国际地位的显著提升，以及对全球治理的参与度不断加深，世界对中国国内事务的关注度前所未有、世界对中国声音的关注度前所未有、中国媒体在海外的活跃度前所未有。这为中国媒体进一步做好英国业务创造了条件。从精准化适应英国受众的信息需求出发，推进中国媒体信

---

① 胡邦胜：《我国对外传播需实现四大战略转型》，《学习时报》，2017 年 4 月 17 日第 2 版。

息和内容服务的供给侧结构性改革，对英传播事业可以为增强中英交流、加深互知互信做出更大贡献。

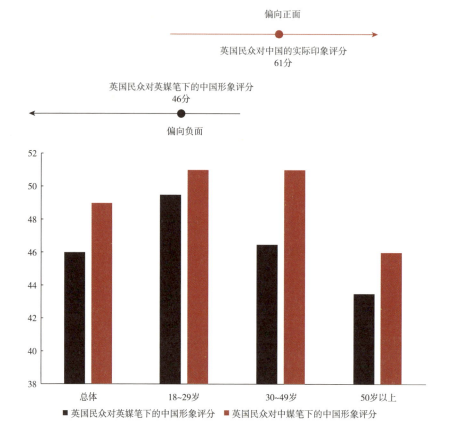

图 5-3　英国民众对中国的实际印象明显好于他们所认知的
英媒建构出的中国形象评分（N = 1503）

数据来源：中国国际广播电台、零点有数《英国受众涉华信息获取渠道与中国媒体在英传播效果调查》，2017 年 10 月。

数据经过标准化处理。

参考文献

1. 刘玉瑶、相德宝：《英国新媒体文化传播的经验与启示》，《中华文化海外传播研究》2018 年第 2 期，第 199～215 页。

2. 李锋伟：《社交媒体时代英国〈经济学人〉的经营之道》，《传媒》2018 年第 11 期，第 54～55 页。

3. 赵天扬：《新媒体环境下英国电视现状分析与借鉴》，《声屏世界》2018 年第 05 期，第 66～68 页。

4. 权琪人：《英国新闻媒体发展趋势对我国媒体融合发展的启示》，《新闻研究导刊》2018 年第 2 期，第 135～137 页。

5. 李鹤琳：《以用户为导向建设新型主流媒体——英国传统报业如何吸引和发展受众》，《传媒评论》2017 年第 12 期，第 51～53 页。

6. 李宇：《新兴媒体时代英中国国际广播电台播公司的挑战、变革与启示》，《南方电视学刊》2017 年第 05 期，第 123～126 页。

7. 李宇：《新兴媒体环境中英国电视业的发展现状和主要特点——基于英国电视业近年数据统计分析》，《现代视听》2017 年第 10 期，第 82～85 页。

8. 陈思宇：《浅析政治干预对英国媒体的影响与成因》，《新闻研究导刊》2017 年第 19 期，第 69～71 页。

9. 冯琪、于陆：《移动互联时代，一个开放的 BBC——英中国国际广播电台播公司（BBC）媒体融合成果初探》，《新闻战线》2017 年第 11 期，第 139～142 页。

10. 刘加佳：《英国传统新闻媒体数字化转型分析—经验与教训》，北京外国语大学博士论文，2017。

11. 黄廓、姜飞：《国际主流媒体发展战略研究及其对中国国际传播的启示》，《现代传播（中国传媒大学学报）》2013 年第 35（02）期，第 45～51 页。

12. 黄廓、姜飞：《国际主流媒体的融合战略分析》，《中国党政干部论坛》2015 年第 2 期，第 25~29 页。

13. 黄廓、于洋：《提升跨文化适应研究与实践　构建有效媒体对外话语体系》，收入关娟娟，黄廓主编《国际传播视野下媒体对外话语体系构建研究》，中国国际广播出版社，2017 年 12 月第一版，第 3~22 页。

14. 黄廓：《大数据背景下国际传播的战略思考》，《国际传播蓝皮书：中国国际传播发展报告（2014）》，社会科学文献出版社，2014 年 7 月第一版。

15. 黄廓：《把握战略机遇期更新国际传播战略——基于 SWOT 分析的中国国际传播战略研究》，收入姜加林，于运全主编《全球传播——新趋势新媒体新实践》（第三届全国对外传播理论研讨会论文集），外文出版社，2014 年 7 月第一版。

16. 黄子瑛：《英国媒体创新模式解析与中国媒体融合发展策略探讨》，《新闻研究导刊》2017 年第 8（07）期，第 46~50 页。

17. 乔卉：《英国媒体融合发展的缓冲空间》，《青年记者》2017 年第 8 期，第 107~108 页。

18. 匡文波丨邵楠：《国外融媒体实践及启示——以英国 BBC 为例》，《对外传播》2016 年第 11 期，第 12~14 页。

19. 王晓培、常江：《英国传统媒体的媒介融合：开放、坚守与共赢》，《对外传播》2016 年第 11 期，第 15~18 页。

20. 翟慎良：《转型没有标准答案，关键是找到受众——英国媒体融合的经验启示》，《传媒观察》2016 年第 11 期，第 62~64 页。

21. 徐园：《用户深度运营与融合路径的选择——以英国媒体的实践为例》，《传媒评论》2016 年第 10 期，第 58~60 页。

22. 计野航：《让受众调研成为节目研发的前置条件——英国电视节目研发启示》，《视听纵横》2015 年第 5 期，第 113~115 页。

23. 纪平：《英国报纸涉华报道研究及受众分析》，南京农业大学博士论文，2010。

24. 孟伟：《走向后广播时代——英中国国际广播电台播受众媒介接触的两大新趋势》，《现代传播（中国传媒大学学报）》2010 年第 10 期，第

113～116 页。

25. 曹劼：《英国媒体撑起国家半边天》，《新闻战线》2010 年第 9 期。

26. 孙曼莉：《英中国国际广播电台播概述》，《电视时代》2010 年第 7 期。

27. 高仁良：《英中国国际广播电台播电视业的发展特色》，《军事记者》2013 年第 3 期。

28. 史亭玉：《试析英国媒体的法律监管框架》，《广东省社会主义学院学报》2012 年第 1 期。

29. 郭建良：《媒体与权势——由默多克出席"英国传媒操守调查"听证会说起》，《新闻记者》2012 年第 6 期。

30. 周艳、龙思薇：《英中国国际广播电台播公司数字新媒体战略的现在和未来》，《媒介》，2013 年 4 月。

31. 王菊芳：《BBC 之道：BBC 的价值观与全球化战略》，生活·读书·新知三联书店，2013 年 8 月。

32. 马国仓、孙志勇：《网络时代报业的变与不变——英国报业转型发展的启示》，《中国出版》2012 年 12 月下。

33. 王垂林：《英国媒体数字化转型：案例与模式》，南方日报出版社，2017 年 5 月。

34. 〔英〕詹姆斯·卡瑞，珍·辛顿著，《有权无责——英国的报纸、广播、电视与新媒体（第七版）》，栾轶玫译，清华大学出版社，2016 年 1 月。

35. 〔美〕保罗·莱文森著，何道宽译，《新新媒介（第二版）》，复旦大学出版社，2014 年 7 月。

35. 孟繁嘉：《"今日俄罗斯"2016 美国大选报道议程与总统候选人议程比较研究》，上海外国语大学学位论文，2019 年。

36. 陈春彦：《"今日俄罗斯"重塑国家形象的传播战略研究》，《对外传播》2019 年第 2 期。

37. 郭倩：《英中国国际广播电台播公司受众调查体系解析及启示》，《中国广播》2018 年第 9 期。

38. 荣文汉：《"今日俄罗斯"成功经验的启示》，《华东理工大学学报（社会科学版）》2018 年第 4 期。

39. 李锋伟：《社交媒体时代英国〈经济学人〉的经营之道》，《传媒》2018 年第 11 期。

40. 李鹤琳：《以用户为导向建设新型主流媒体——英国传统报业如何吸引和发展受众》，《传媒评论》2017 年第 12 期。

41. 李宇：《新兴媒体时代英国广播公司的挑战、变革与启示》，《南方电视学刊》2017 年第 5 期。

42. 黄廓：《全球传播视域下国际受众调查研究》，《国际广播影视》2015 年第 4 期。

43. 郭倩：《英国广播公司受众调查体系解析及启示》，《中国广播》2018 年第 9 期，第 89～91 页。

44. 李鹤琳：《以用户为导向建设新型主流媒体——英国传统报业如何吸引和发展受众》，《传媒评论》2017 年第 12 期，第 51～53 页。

45. 杜娟：《"西学东渐"英国媒体受众研究功能及应用初探》，《新闻传播》2017 年第 15 期，第 50～51 页。

46. 翟慎良：《转型没有标准答案，关键是找到受众——英国媒体融合的经验启示》，《传媒观察》2016 年第 11 期，第 62～64 页。

47. 计野航：《让受众调研成为节目研发的前置条件——英国电视节目研发启示》，《视听纵横》2015 年第 5 期，第 113～115 页。

48. 纪平：《英国报纸涉华报道研究及受众分析》，《南京农业大学》，2010。

49. 孟伟：《走向后广播时代——英国广播电台受众媒介接触的两大新趋势》，《现代传播（中国传媒大学学报）》2010 年第 10 期，第 113～116 页。

50. 张文锋：《走向治理——媒介融合背景下西方传媒规制理性与实践》，西南交通大学出版社，2015 年 7 月。

51. 冼致远：《中英电视媒体国际传播软实力比较研究》，中国传媒大学出版社，2017 年 9 月。

52. 黄艳琳：《英国普通法对新闻媒体内容的管理和限制》，《新闻记者》2005 年第 10 期。

53. Bagdikian，B. H.（2007）. Media monopoly. The Blackwell Encyclopedia of Sociology.

54. Dover, C., & Hill, A. (2007). Mapping genres: Broadcaster and audience perceptions of makeover television (pp. 23-38). IB Tauris.

55. Doyle, G. (2002). Media ownership: The economics and politics of convergence and concentration in the UK and European media. Sage.

56. Gunter, B., & Wober, J. M. (1992). The reactive viewer: A review of research on audience reaction measurement. John Libbey.

57. Hill, A. (2000). Fearful and safe: Audience response to British reality programming. Television & New Media, 1 (2), pp. 193-213.

58. Huang, K. (2018) The 'Going out' of China Radio International. In: Thussu D., de Burgh H, Shi A. (eds) China's Media Go Global. Routledge.

59. Huang, K. (2008) The nature of the news: Is news determined more by the organizations in which journalists work or by the sources upon whom journalists rely. The International Journal of the Humanities. Vol 6, No. 2. pp. 83-95.

60. Morley, D. (1980). The nationwide audience: Structure and decoding. British Film Institute.

61. Radcliffe, D. (2012). Here and now: UK hyperlocal media today.

图书在版编目（CIP）数据

远播之道：对英传播的发展战略初探／王璐主编
. -- 北京：社会科学文献出版社，2019.10
ISBN 978-7-5201-5539-7

Ⅰ.①远… Ⅱ.①王… Ⅲ.①中华文化-文化传播-
研究-英国 Ⅳ.①G125

中国版本图书馆 CIP 数据核字（2019）第 201618 号

远播之道

——对英传播的发展战略初探

主　　编／王　璐

出 版 人／谢寿光
组稿编辑／王　绯
责任编辑／徐永清

出　　版／社会科学文献出版社·社会政法分社（010）59367156
　　　　　　地址：北京市北三环中路甲 29 号院华龙大厦　邮编：100029
　　　　　　网址：www.ssap.com.cn
发　　行／市场营销中心（010）59367081　59367083
印　　装／三河市东方印刷有限公司

规　　格／开本：787mm×1092mm　1/16
　　　　　　印张：11　字数：181 千字
版　　次／2019 年 10 月第 1 版　2019 年 10 月第 1 次印刷
书　　号／ISBN 978-7-5201-5539-7
定　　价／89.00 元

本书如有印装质量问题，请与读者服务中心（010-59367028）联系